# 목사가 남기는 유언

성도여, 유일 신앙을 지켜라!

이 종 봉 지음

# 목사가 남기는 유언
**성도여, 유일 신앙을 지켜라!**

지은이 | 이종봉

2024년 9월 17일   초판 1쇄 발행

기획 편집 | 함용진
교열 교정 | 도서출판 아브라함

발행처 | 도서출판 아브라함
발행인 | 함용진
등록번호 | 제 2020-000080 호
등록일자 | 2020년 11월 3일
주소 | 경기도 부천시 경인로 412번길 25, 506호
전화 | 010-6811-8291   팩스 | 0505-055-8292
홈페이지 | www.abrahambook.com
도서/내용 문의 | abrahambook@naver.com
※ 이 책을 읽다가 궁금한 점이 있으면 E-mail로 문의해 주세요.

ⓒ 이종봉, 2024
ISBN 979-11-972396-7-0
〈도서출판 아브라함〉 도서번호 006

※ 이 책의 내용을 무단 복제하는 것은 저작권법에 의해 금지되어 있습니다.
※ 파본이나 잘못된 책은 구입한 곳에서 교환해 드립니다.

성도여, 유일 신앙을 지켜라!

# 목사가
# 남기는 유언

나는 여호와라

나 외에 다른 이가 없나니

나 밖에 신이 없느니라…

해 뜨는 곳에서든지 지는 곳에서든지

나 밖에 다른 이가 없는 줄을 알게 하리라

나는 여호와라 다른 이가 없느니라


(이사야 45장 5-6절)

# 추천사 1

눈에 보이는 세상일도 혼탁하여 분별하기 어려운 이 세상 속에서 보이지 않는 영적 세계를 다룬다는 것이 얼마나 어려운지…. 더군다나 거짓 된 사이비가 가득한 영적 분야를 가려내어 분별할 수 있도록 일러주는 사람이 있다면 참으로 고마운 일이다. 그 일을 해야만 하는 사람이 바로 목사이다.

이 책은 종교 다원주의로 나타나는 혼합주의가 우리 교회에 큰 악영향을 끼치면서 복음의 유일성이 훼손되어 가는 이 시점에 매우 유익하고 적절한 내용을 다루고 있다.

서양교회들이 종교 다원주의에 무너지고, 동성애 파도에 무너지고, 혼합주의가 파고들어 우리의 유일 신앙이 무너지고, 이제는 모든 종교에 구원이 있다고 설교하는 목사가 나오고, 거리에서 동성애자들을 축복하는 목사가 배출되는 지경에 이르렀다. 심지어 고등학교 교목까지 했던 어느 목사는 교인들을 데리고 절간으로 가서 108배를 하고 오는 지경에 이르렀다. 이런 혼합주의가 교회를 휩쓸고 있다.

나도 이런 아픔과 고민을 안고 있던 차에 적절한 책이 나온 것이다. 비교적 이해하기 쉬운 말들로 기술해 놓아 평신도가 읽기 쉽고, 목회자가 교안으로 사용하기에도 무리가 없다. 누군가 꼭 했어야만 하는 일을 신학교 동기이면서 사랑하는 이종봉 목사가 저술했다는 점이 더욱 기쁘다.

이제 우리 그리스도인들에게 큰 적은 사탄의 역사로 나타나는 혼합주의이다. 구원의 진리로 주신 이 복음의 유일성을 지키지 못하면 기독교라는 이름은 남아 있을지라도 교회는 죽은 것이다.

이 책을 읽어 보면 우리의 유일 신앙이 왜 그리 중요한지, 그리고 공산주의와 혼합주의를 이용한 사탄의 역사가 어떻게 나타나는지를
구체적으로 알 수가 있다.

이 한 권의 책으로 인해 더 많은 성도가 시대를 분별하고 복음 비슷한 것에 속지 않고 우리에게 주신 유일 신앙을 지켜 내는 데 큰 도움이 될 것을 확신하며 이 책을 적극 추천한다.

김동기 목사(광음교회 담임, 대한예수교장로회 백석총회 부총회장)

# 추천사 2

　이 책의 저자 이종봉 목사님은 인생 나이는 저보다 몇 년 아래이지만 저와 함께 신학을 공부한 동기이며, 젊은 시절 강원 지역 목회 초년부터 그리스도 안에서 함께 동역자 된 분으로서 평소에도 〈형님, 아우〉 하면서 막역하게 지내는 절친입니다.
　어느 날 저에게, 훗날에 은퇴할 때 은퇴 기념으로 책을 한 권 출간하려고 계획하였는데 기도하는 중에 생각이 바뀌어서 계획보다 앞당겨 일찍 책을 출간하려고 한다면서 본서의 출판 의뢰를 하였습니다.
　그로부터 며칠 후 출간하려는 원고의 내용을 메일로 받아 읽어 보면서 내용에 크게 감동하였고, 부족하지만 이렇게 좋은 내용의 책은 추천사 써 달라고 부탁받지 않았어도 출판사 대표로서 강제로(?)라도 내가 써 줘야 하겠다는 생각이 들었습니다. 그래서 즉시 저자에게 전화하여 "이 목사님! 〈추천사〉 쓸 사람 있는가? 없으면 내가 써 줄게. 책 내용이 너무 좋아서 내게 〈추천사〉 부탁하지 않았어도 내가 강제로 쓸 거야." "그러잖아도 부탁하려고 하였습니다."라고 서로 유쾌하게 대화하면서 정식으로 허락받고 추천사를 쓰게 되었습니다.
　내가 이 책을 강력하게 추천하는 이유는?
　첫째, 〈인권〉, 〈평등〉, 〈보편적인 사랑〉이라는 핑계로 우리가 믿는 유일 신을 현실에서 섬기지 못하도록 교묘하게 법을 제정하고 추진(법제화)하여 우리의 유일 신앙을 무너뜨리려는 사탄의 시도가 무엇인지 그대로 드러내 주고 있기 때문입니다.

둘째, 그러한 시도를 하여 기독교를 무력화시키려는 사탄의 하수인 노릇을 하는 세력이 어떠한 자들인지 적나라하게 보여주고 있기 때문입니다.

저자는 내용을 어렵지 않고 아주 이해하기 쉽게 글을 썼습니다. 본서를 끝까지 읽어 보시기 바랍니다. 그래서 거듭난 그리스도인이 말세를 사는 이 시대에 유일 신앙을 지키기 위해서 어떻게 신앙생활을 해야만 하는지 도전받으십시오.

정말 안타깝고 아쉬운 점은 많은 사람이 이 귀한 책을 구매하여 읽기를 바라지만, 초판은 발행 부수가 많지 않아서 교인들과 저자 주변의 가까운 이들에게 선물하고 증정함으로 인해 서점이나 시중에서는 그리 많이 보급되지 못했다는 점이 아쉽습니다.

다음에 2판, 3판이 계속 발행되어서 이 책의 내용으로 인해 더 많은 그리스도인이 이 시대를 분별하고 우리의 유일 신앙을 지켜 내는 데 큰 도움이 될 것을 확신하며 이 책을 적극 추천합니다.

함용진 목사 (도서출판 아브라함 대표 , 유튜브 신집사교회)

- 삼포사랑교회 입구 안내 간판 -

- 삼포사랑교회 전경 -

- 삼포사랑교회 첫 예배 후 -

- 삼포사랑교회 개척 초기 성도들 -

- 삼포사랑교회 야외예배 -

- 삼포사랑교회 야외예배 -

- 삼포사랑교회 사랑의 식사교제 -

- 사랑봉사단 영월 여행 2024년 봄 -

- 삼포사랑교회 정동진 여행 -

- 삼포사랑교회 예배 모습 -

- 삼포사랑교회 예배 모습 -

- 삼포사랑교회 원로장로님들 -

- 삼포사랑교회 담임목사 부부 -

- 삼포사랑교회 담임목사 부부 -

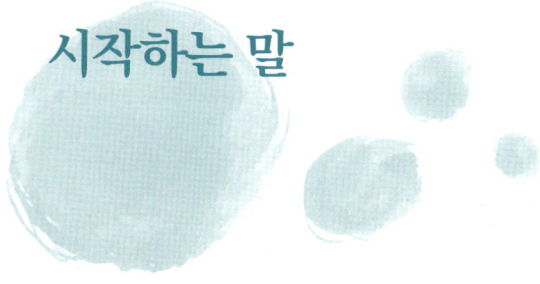

# 시작하는 말

> 내가 달려갈 길과 주 예수께 받은 사명 곧 하나님의 은혜의 복음을 증언하는 일을 마치려 함에는 나의 생명조차 조금도 귀한 것으로 여기지 아니하노라 (행 20:24).

> 나는 선한 싸움을 싸우고 나의 달려갈 길을 마치고 믿음을 지켰으니 (딤후 4:7).

내가 세상을 떠나기 전에 사도 바울의 유언처럼 사랑하는 교우들에게 목사로서 마지막으로 남기고 싶은 것은 무엇일까? 호랑이는 죽어 가죽을 남기고 사람은 죽어 이름을 남긴다고 한다. 그러면 목사 된 나는 무엇을 남기고 갈까? 목사의 주된 임무는 하나님의 말씀인 구원의 복음을 전함으로써 죄인들이 깨닫고 회개하여 천국에 이르게 하는 것이다. 예수님이 오신 목적이 바로 그것이다.

1985년 9월 8일 인천 동구 화수동 〈은혜교회〉에서 처음으로 전도사 생활을 하면서 설교를 시작했다. 그때부터 지금까지 우리 교우들에게 외친 설교는 몇 편이나 될까? 잠시 헤아려 보니 주일 오전, 오후 설교, 수요 설교, 금요일, 구역예배, 새벽, 심방, 외부 설교 등 한 해 570회, 2024년 현재까지 40여 년 동안, 약 22,800회나 되었다. 앞으로 은퇴할 때까지 하게 될 설교를 합하면 총 45년 동안 약 25,650회의 설교를 하게 된다. 한 번의 설교 시간을 대략 30분 정도로 계산하면 총 769,500분, 시간으로는 12,825시간, 날 수로는 534일 정도 설교하는 것이다. 엄청난 양의 말이다. 그런데 그 말씀의 내용이 어디에 남아 있을까? 우리 교우들의 심령에 고스란히 남아 있으면 좋으련만…. 담아 놓지 못하는 말소리의 약점을 글로나마 남기고 싶었다. 은퇴 기념으로 남기고 싶었지만, 몇 년 앞당겨서 원고를 정리하게 되었다.

어느 날 갑자기 주님이 나를 불러 가실 수도 있는데 하는 생각에 더 이상 미룰 수가 없었다. 목사가 사라져도 말씀과 함께 교회가 건강하게 남아 있기를 바라며 유언장처럼 이 글을 쓴다. 사도바울이 자신이 세운 교회 성도를 향하여 많은 편지를 남긴 것처럼 말이다. 나는 죽으면서도 목사로 죽고 목사로 남고 싶다. 나를 아는 모든 사람에게 이종봉 씨, 이 사장님, 혹은 선생님이 아닌 이종봉 목사로 기억되고 싶다. 40여 년 목회 생활 중에 중단하고 싶은 강한 유혹도 두 번 있었지만, 사명감 하나로 여기까지 왔다.

시골에서 무명의 목사 생활 수십 년을 지내면서 외치고 외친 오직 예수 십자가 대속의 복음을 죽는 그 순간까지 남기고 싶을 뿐이다.

본 저서는 우리의 "유일 신앙"을 주된 관점으로 기록하였으니 그 점을 염두하고 읽으면 이해가 쉬울 것이다. 훗날 우리 교우들이 "이종봉 목사님!" 하면 어떤 메시지가 먼저 생각날까? 여의도순복음교회 조용기 목사님 하면 요한삼서 1장 2절, "사랑하는 자여 네 영혼이 잘됨같이 네가 범사에 잘되고 강건하기를 내가 간구하노라"라는 성경 구절을 핵심으로 한 〈삼박자 축복〉이 떠오르는데….

이종봉 목사! 하면 무엇이 떠오를까? 나는 설교 중 무엇을 자주 강조하고 성도들 심령에 새기고 싶었을까? 분명히 내게도 수십 년 동안 강조하면서 우리 교우들에게 남기고 싶은 메시지가 있다. 다른 것은 다 잊어버린다고 해도 이것만큼은 절대로 잊어버리지 않기를 바라면서 강조하고 또 강조한 내용이 내게도 있다. 25,650번의 설교 중에서 아마도 10,000번 이상을 강조한 것이리라.

나는 퇴임하면서도 그 내용을…. 아니, 죽어 가면서도 우리 교우들에게 유언처럼 남기고 싶다. 훗날 이종봉 목사가 남긴 유언이 무엇이냐 묻거든, 이렇게 대답해 주길 다시 한번 부탁드린다.

"오직 예수님! 유일 신앙"이라고….

그것은 먼저 다음의 6가지로 요약된다. 바로 기독교 신앙의 6대 핵심, "기독교 신앙의 유일성"을 말하는 것으로, 우리 기독교를 기독교 되게 하는 절대 불변의 내용이다.

이런 신앙으로 무장하도록 기초를 놓아주시고 가르쳐 주신 스승이 있다. 사변화 된 신학을 바로잡아 신학은 학문이 아니요. 예수 안의 참 생명을 얻게 하는 생명 운동이라는 "개혁주의 생명 신학"을 강조해 오신 백석대학교 총장 장종현 목사님, 그리고 지금은 천국에 계신 최순직 교수님, 김준삼 교수님, 최의원 교수님, 홍찬환 목사님 등 많은 은사님께 감사드리며 나는 이 분들의 제자인 것을 자랑스럽게 여기는 바이다.

아울러 이 책이 나오기까지 처음부터 끝까지 조언과 지원을 아끼지 않은 아브라함 출판사 대표 함용진 목사님과 편집국장 염무생 집사님께 감사드린다.

나는 기독교의 유일성을 주로 외쳤고 그것은 곧 부족한 이 종이 주님께 지금까지 쓰임 받을 수 있었던 중요한 이유라고 믿는다. 유일한 이 구원의 복음은 조금 남은 나의 목회 현장에서 앞으로도 계속 외치게 될 것이다. 그것이 내게 맡기신 주님의 양들을 살리는 유일한 길이요, 나의 죽음을 복되게 하는 길이기 때문이다.

**"기독교 신앙의 유일성 6가지"**
**오직 하나님 한 분!**
**오직 예수님!**
**오직 성경!**
**오직 믿음!**
**오직 은혜!**
**오직 주님께 영광!**

이것은 우리 기독교 역사의 수 천 년을 이어 오게 한 원동력이요 우리의 생명이다. 그런데 이 중요한 핵심적 내용이 점점 무너져 가고 있다. 그것도 기라성 같았던 교단과 신학대학에서 말이다. 거짓 목사나 신학교 교수들의 영향으로 우리 기독교 신앙의 유일성이 크게 훼손되어 가고 있는 현실을 보면서 가만히 있을 수가 없어서 설교 때마다 강조했고 이제 책으로도 남기게 된 것이다.

정치권에서도 소위 종북좌파 쪽의 인사들이 위험하듯 목사도 역시 좌파 목사가 위험하다. 목사나 신학교 교수가 성경대로 믿지 않고 성경대로 가르치지 않는다면 심각한 문제가 아닌가? 도리어 공산주의를 강조하고 종교 다원주의(모든 종교에 구원이 있다.)를 가르치고 동성애와 혼합주의를 전파한다. 아울러, 이들은 기독교를 억압하게 될 "포괄적 차별금지법(평등법)"을 지지하며 국회의 빠른 통과를 요구하고 있다.

이런 악조건 속에서 우리 신앙의 유일성이 무너져 가고 있는 현실을 본다. 유일 신앙을 지켜 내면 교회는 사는 것이요, 유일 신앙이 무너지면 기독교는 없는 것이다. 그러므로 우리는 정신을 차려서 혼합주의를 경계하고 유일 신앙을 지켜 내야만 할 것이다.

"기독교 신앙의 유일성"을 시대적으로 강조하고 또 강조해야 할 때는 바로 지금이다. 이것이 바로 나의 교우들에게, 내 자손들에게, 믿음의 후배들에게 남길 유산이요 유언이다. 유일 신앙은 절대로 지켜가야 할 우리의 생명선이요, 구원의 복음이요, 변할 수 없는 신앙 고백이다.

유일 신앙이 종교 다원(혼합)주의로 대체 되어 가는 것을 보면서 나는 유일 신앙을 더욱 강조해야 할 때가 바로 지금이라고 판단했다. 유일 신앙이 아니면 구원에 이를 수 없기 때문이다. 혼합주의로 넘어가는 현대교회의 붕괴는 마치 지혜의 왕 솔로몬이 여호와 하나님만 섬기는 유일 신앙을 버리고 이방 신을 허락함으로써 혼합 종교를 만들어 버린 시대와 똑같다.

**누군가가 나에게 한국교회의 미래를 예언하라고 한다면 나는 주저 없이 말하겠다. "한국교회의 미래는 종교 다원주의(혼합주의)로 인해 적지 않은 교회들이 무너져 유일 신앙을 버린 변태교회로 남게 될 것이다."** 서양의 교회들처럼 말이다. 이미 사탄의 강력한 무기가 되어 버린 혼합주의를 이기는 비결은 오직 유일 신앙으로 무장하는 것뿐이다.

**"교회들이여 외쳐라!"**

**"유일 신앙을 지켜라!"**

2024년 가을 목양실에서

이종봉 목사

# 차 례

추천사 … 5

교회 개척에서 현재까지(사진) … 9

시작하는 말 … 17

## Chapter 01　기독교 신앙의 유일성 6가지 … 30

　유일성 첫 번째 : 오직 하나님 한 분! … 30

　유일성 두 번째 : 오직 예수님! … 34

　유일성 세 번째 : 오직 성경! … 37

　유일성 네 번째 : 오직 믿음! … 39

　유일성 다섯 번째 : 오직 은혜! … 41

　유일성 여섯 번째 : 오직 하나님께 영광! … 42

## Chapter 02　우리의 유일 신앙을 훼손하는 것들 … 44

　사탄 사탄, 성(性) 혁명으로 승부를 겨루다 … 44

　포괄적 차별금지법(평등법)의 핵심 4가지 … 46

　강화되는 혼합주의(종교 다원주의) … 56

　동성애(性평등)주의자들이 사용하는 단어와 의미 … 61

　성 소수자의 범위(성적 지향의 내용들) … 73

　2024년 파리 올림픽에 나타난 성(性)평등과 혼합주의 … 83

## Chapter 03  동성애(성평등)의 문제점들 ⋯ 92

동성애는 에이즈 전염의 주범이다 ⋯ 92

국가 재정의 낭비 ⋯ 93

자신의 성 정체성 파괴 ⋯ 94

기존 가정의 파괴 ⋯ 95

도덕성의 파괴와 성(性) 관련 범죄가 심화할 것이다 ⋯ 96

구별과 차별을 구분하지 못하게 한다 ⋯ 96

자손을 변칙적으로 태어나게 할 것이다 ⋯ 98

## Chapter 04  평등법이 통과 되면? ⋯ 100

공교육에서 반드시 가르쳐야 한다 ⋯ 100

반대나 싫다는 표현을 못 한다 ⋯ 105

가장 큰 수혜자는 공산주의자들이다 ⋯ 106

교회 안에 불량한 자들의 유입을 가속할 것이다 ⋯ 107

가장 큰 피해자는 기독교이다 ⋯ 108

동성애 목사가 배출되고, 동성애자들이 모여 예배하며
하나님을 모독하게 될 것이다 ⋯ 112

성(性) 정체성 혼란과 기형적 현상을 가속할 것이다 ⋯ 113

이 법은 평등만 말하고 구별은 없다 ⋯ 114

## Chapter 05  공산주의의 주적은 기독교이다 ⋯ 116

목사가 반공을 외치는 이유 ⋯ 118

공산주의 대표적인 인물들의 반기독교 성향 … 122

지금의 공산, 사회주의자들 … 126

목회자의 각성 … 130

교회를 장악하라 … 132

기독교에 해악을 끼치는 자들 … 139

## Chapter 06 공산, 사회주의로 가는 길(1) … 144

의료 서비스를 통제하라 … 144

빈곤 수준을 높이라 … 145

부채를 증가시켜라 … 147

총기를 규제하라 … 148

의·식·주 문제를 통제하라 … 148

언론(문화)을 통제하라 … 149

종교 단체나 학교에서 하나님을 향한 믿음을 갖지 못하게 하라 … 150

민중(民衆)을 분열시켜라 … 150

## Chapter 07 공산, 사회주의로 가는 길(2) … 152

토지 공개념이다 … 153

부동산 거래 허가제이다 … 154

국민이 살 주거지를 국가가 지정해 준다 … 155

종교 억압이다(기독교 무력화) … 155

자유를 제한한다 … 156

공산주의자들을 요직에 앉히는 것이다 ⋯ 160

공산국가와 동맹을 맺는다 ⋯ 161

애국심을 없애 버리는 것이다 ⋯ 162

## Chapter 08  공산주의 통치법은 악마의 수법이다 ⋯ 167

인민들을 배고프게 만들어라 ⋯ 168

중산층을 세금과 인플레이션의 맷돌로 으깨버려라 ⋯ 169

가진 자(자본가)를 혐오하게 만들어라 ⋯ 171

국가의 구호품(배급)에 절대 의존하게 만들어라 ⋯ 173

공산 정권이 유지되려면 인민의 자유는 없어야 한다 ⋯ 175

거짓말도 100번 하면 진실이 된다 ⋯ 175

목적은 수단을 정당화한다 ⋯ 176

혁명이 완수될 때까지 민주화를 외쳐라 ⋯ 177

## Chapter 09  공산주의와 도덕성 ⋯ 181

모택동은 색마라 할 정도로 성적 문란이 아주 심했다 ⋯ 182

장쩌민 주석도 역시 마찬가지다 ⋯ 182

소련 레닌의 사망원인도 매독으로 밝혀졌다 ⋯ 183

목적은 수단을 정당화한다 ⋯ 184

이들은 부인도 공유한다(공산당 선언에서 밝힌 내용이다) ⋯ 184

성도덕의 문란은 그들의 교조(敎祖) 마르크스가 그랬다 ⋯ 185

마르크스의 평생 후원자 프리드리히 엥겔스도 그랬다 ⋯ 186

북한의 김일성 일가도 다르지 않다 … 186
남한의 운동권에도 역시 같은 흐름을 보인다 … 186
그래서 이들은 성(性) 개방을 법제화하려는 것이다 … 187

## Chapter 10  공산, 사회주의자들의 혁명과제 … 189
기존의 가정을 개혁하라 … 191
성 혁명만이 답이다 … 192
공산당의 우선 과제 : 성(性) 개방이다 … 193
공산주의는 왜 이런 법을 만들까? … 196
다시 살아나는 공산, 사회주의 … 198

## Chapter 11  페미니즘과 네오마르크시즘 … 203
페미니즘(Feminism-여성주의자) … 203
네오마르크시즘(Neo-Marxism-신마르크스주의) … 204
그 끝은 마르크스시즘(Marxism)이 지배하는 세상이 된다 … 208

## Chapter 12  사탄주의의 10대 목표 … 209
가정·교회·국가를 무너뜨리는 사탄의 10가지 전략 … 210
첫째, 교육 시스템으로부터 하나님과 기도를 없애라 … 212
둘째, 아동들에 대한 부모의 권위를 축소시켜라 … 212
셋째, 기존의 가정구조 또는 전통적 기독교 가정구조를 파괴하라 … 214
넷째, 프리섹스와 성 개방 사회로 낙태하기 쉽게 만들어라 … 215

다섯째, 이혼을 쉽게 만들고 합법화하라 … 216

여섯째, 동성애를 대체 생활방식으로 만들어라 … 217

일곱째, 예술의 품격을 떨어뜨려라 (미친 예술이 되게 하라) … 218

여덟째, 미디어를 활용하여 대중의 사고방식을 바꿔라 … 218

아홉째, 종교 통합 운동을 일으켜라 … 219

열번째, 각국 정부가 이러한 내용을 법제화하게 하고
교회가 이런 변화를 추인하게 만들어라 … 219

# Chapter 13 인권(人權)이냐? 신권(神權)이냐? … 221

초강력 파워 인권(人權-휴머니즘 humanism)이 대세다 … 223

약해지는 신권(神權) … 224

인권을 제한하시는 하나님 … 224

# Chapter 14 낙태에 대한 성경적 진단 … 235

그러면 낙태란 과연 무엇인가? … 237

낙태를 줄이는 것만으로도 인구 감소 문제는 해결된다 … 238

낙태는 왜 반성경적인가? … 239

태아가 사람인 성경적 이유 … 240

낙태 예방을 위하여 … 244

# 맺는말 … 253

나는 여호와라

나 외에 다른 이가 없나니

나 밖에 신이 없느니라…

해 뜨는 곳에서든지 지는 곳에서든지

나 밖에 다른 이가 없는 줄을 알게 하리라

나는 여호와라 다른 이가 없느니라

(이사야 45장 5-6절)

# 목사가 남기는 유언

성도여, 유일 신앙을 지켜라!

# Chapter 01
# 기독교 신앙의 유일성 6가지

기독교 신앙은 유일 신앙이다. 나는 우리 기독교 신앙의 생명력을 유일 신앙에 두고 그렇게 믿고 40여 년을 그렇게 가르쳐 왔다. 철저하게 성경을 중심으로 한 유일 신앙 말이다. 이 믿음은 우리의 목숨이고 능력이고 그 누구도 변경할 수 없는 진리다.

### 유일성 첫 번째 : 오직 하나님 한 분!

신은 오직 여호와 하나님 한 분이시다!

전 세계적으로 성경을 자기 나라 언어로 번역한 것 중에 우리 한글로 번역된 "하나님"이란 호칭은 가장 잘 된 번역이라고 생각한다. 이 "하나님"이란 호칭으로써 우리 기독교 신앙의 기본과 유일성을 확고히 세웠기 때문이다. 물론 하나님의 유일성에는 성 삼위(성부, 성자, 성령) 하나님이 포함된다. 셋이면서 한 분이신 하나님이시다. 삼위로 구분되나 삼신론이나 양태론, 종속설을 거부한다. 성부, 성자, 성령 하나님은 동시 선재, 영광 동등, 권능 동일, 우열이 없으시며, 셋이 하나인 신비적 연합을 이루신다.

나와 아버지는 하나이니라 하신대 (요 10:30).

> 예수께서 이르시되… 나를 본 자는 아버지를 보았거늘 어찌하여 아버지를 보이라 하느냐 (요 14:9).

그래서 우리는 삼신이 아닌 유일신으로 고백하는 것이다. 예수님이 성부 하나님과 함께 동등 되심은 진리이다. 하나님은 유일하시다. 이것이 우리 신앙의 출발이요, 첫 번째 고백이다. 우리가 믿는 신은 수많은 신 중에 하나를 선택한 게 아니다. 여호와 외에는 다른 신적 존재는 없다는 것이 우리의 신앙이요 고백이다. 우리의 이런 신앙을 일각에서는 비난하기를 다른 종교나 다른 신을 인정하지 않는 이기적이고 독선에 빠진 자들이라고 하지만, 우리의 이런 고백은 독선이나 아집에서 나온 것이 아니라 하나님의 말씀에서 나온 것임을 분명히 밝힌다.

> 나는 여호와라 나 외에 다른 이가 없나니 나밖에 신이 없느니라 너는 나를 알지 못하였을지라도 나는 네 띠를 동일 것이요 해 뜨는 곳에서든지 지는 곳에서든지 나밖에 다른 이가 없는 줄을 알게 하리라 나는 여호와라 다른 이가 없느니라 (사 45:5-6).

이 말씀으로 인해 우리는 다른 신을 인정하고 싶어도 못 하는 것이다. 목사 맘대로 유일신을 말하는 게 아니다. 하나님이 친히 말씀하셨기 때문이다.

> 모든 성경은 하나님의 감동으로 된 것으로 교훈과 책망과 바르게 함과 의로 교육하기에 유익하니 (딤후 3:16).

하나님의 말씀에는 다른 토를 달 수 없다.

나는 여호와라 다른 이가 없느니라 (사 45:6).

영생은 곧 유일하신 참 하나님과 그가 보내신 자 예수 그리스도를 아는 것이니이다 (요 17:3).

하나님의 말씀이 분명하고 엄할진대 어찌 감히 인간이 바꾸겠는가? 욕을 먹고 비난을 받는다 해도 우리는 "오직 하나님 한 분"이라는 신앙 고백을 가질 수밖에 없다. 다음 구절은 우리의 유일 신앙을 더욱 확고히 한다.

나 여호와가 말하노라…. 나의 전에 지음을 받은 신이 없었느니라 나의 후에도 없으리라 (사43:10).

이스라엘의 왕인 여호와, 이스라엘의 구원자인 만군의 여호와가 이같이 말하노라 나는 처음이요 나는 마지막이라 나 외에 다른 신이 없느니라 (사 44:6).

… 나 외에 신이 있겠느냐 과연 반석은 없나니 다른 신이 있음을 내가 알지 못하노라 (사 44:8).

… 나 외에 다른 신이 없나니 나는 공의를 행하며 구원을 베푸는 하나님이라 나 외에 다른 이가 없느니라. 땅의 모든 끝이여 내게로 돌이켜 구원을 받으라 나는 하나님이라 다른 이가 없느니라 (사 45:21-22).

너희는 옛적 일을 기억하라 나는 하나님이라 나 외에 다른 이가 없느니라 나는 하나님이라 나 같은 이가 없느니라 (사 46:9).

이렇게 성경 여러 곳에서 여호와 하나님의 유일성을 반복해서 강조하고 있다. 예수님께서 하나님은 유일하신 주(主)시라고 말씀하셨다.

> 예수께서 대답하시되 첫째는 이것이니 이스라엘아 들으라 주 곧 우리 하나님은 유일한 주시라 (막 12:29).

> … 하나님은 복되시고 유일하신 주권자이시며 만왕의 왕이시며 만주의 주시요 (딤전 6:15).

우리가 섬기는 여호와 하나님은 유일하시다. 이 유일성이 훼손된다면 그 순간부터 그것은 기독교가 아니다.

다른 종교에서 어떤 소리를 하든지 어떤 불만이 있든지 그것은 우리가 배려할 사안이 아니다. 우리의 신앙 기준은 오직 성경, 하나님의 말씀이기 때문이다.

천주교는 이미 혼합주의(종교 다원주의)로 넘어갔다. 다른 종교와의 대화 혹은 연합을 구실로 모든 종교에는 구원이 있다고 가르친다. 그래서 신부가 절간에 가서 설교하고 승려가 초청받아 성당에서 설법한다. 일부 교회에서는 석가 탄생일에 맞추어 큰 현수막을 교회 앞에 걸어둔다.

"부처님의 자비가 온 누리에 가득하기를"

또 성탄절이 되면 절간에서도 현수막을 내건다.

"메리 크리스마스! 아기 예수님의 탄생을 축하합니다!"

정말 웃기는 장면이다. 하나님은 다른 신이 없고 다른 구원의 길이 없다고 하시는데 교회가 우상을 숭배하는 자와 축사를 주고받으니, 하나님의 체면이 말이 아니다. 다시 말하지만 우리는 유일하신 여호와 하나님을 믿는다.

나는 여호와라 나 외에 다른 이가 없나니 나밖에 신이 없느니라 (사 45:5).

시대적으로 우리의 유일 신앙은 강력한 도전을 받고 있다. 종교 다원주의를 따르는 혼합주의 목사들이 많은 교우들을 미혹하고, 지속해서 영향을 미치고 있기 때문이다. 내가 볼 때 한국교회는 이미 절반이 그 영향 아래 들어 있다고 본다. 왜냐하면 한국교회 절반이 혼합신앙을 가진 단체에 가입되어 있기 때문이다.

NCCK(한국기독교교회협의회)는 이미 천주교와(2014년 5월 22일) 통합을 위한 연합체인 "신앙과 직제협의회"라는 기구를 만들어, 하나 되는 작업을 하고 있다. 기가 막힌 일이다. 천주교는 오래전부터 종교 다원주의를 따라가고 있는데도 말이다. 그래서 우리는 천주교와 함께 WCC(세계교회협의회), NCCK(한국기독교교회협의회), WEA(세계 복음주의연맹)를 경계한다.

## 유일성 두 번째 : 오직 예수님!

### 구원자는 오직 예수님뿐이시다

인간이 구원을 얻을 수 있는 길은 오직 예수님뿐이다. 다른 길은 없다. 모든 종교에 구원이 있다고 하는 혼합주의는 아주 효과적인 사탄의 수법이다.

예수께서 이르시되 내가 곧 길이요 진리요 생명이니 나로 말미암지 않고는 아버지께로 올 자가 없느니라 (요 14:6).

예수님만이 내 죄를 십자가에서 대속하신 유일하신 구세주라는 고백은 우리 기독교 신앙의 핵심이다.

… 주 예수를 믿으라 그리하면 너와 네 집이 구원을 받으리라 … (행 16:31).

다른 구원자 이름을 우리에게 주신 일이 없다.

다른 이로써는 구원을 받을 수 없나니 천하 사람 중에 구원을 받을 만한 다른 이름을 우리에게 주신 일이 없음이라 하였더라 (행 4:12).

기독교 신앙의 핵심은 예수님에 대하여 어떤 신앙 고백을 가지느냐에 있다. 예수님께서는 본래 하나님이신데, 동정녀 마리아에게서 성령으로 잉태되시어 나셨으며, 죄 없이 인간들의 죄를 대속하시려고 십자가에 죽으셨으며 사흘 만에 부활하시고 승천하시어 언젠가 심판의 주로 다시 재림하실 것이다.

**예수님의 십자가 대속의 은총을 믿는다**

사람의 모양으로 나타나사 자기를 낮추시고 죽기까지 복종하셨으니 곧 십자가에 죽으심이라 (빌 2:8).

왜 십자가에서 죽으셨는가? 힘이 없어 잡혀 죽으신 나약한 분이 아니다. 우리는 예수님께서 십자가상에서 고난을 받으심으로 내 죄를 대속하셨음을 믿는다.

> 인자가 온 것은 섬김을 받으려 함이 아니라 도리어 섬기려 하고 자기 목숨을 많은 사람의 대속물로 주려 함이니라 (마 20:28).

예수님의 희생은 죄인을 대속하는 제물이다. 이 복음을 믿고 회개하면 죄 용서받고 구원받는 진리가 바로 복음이다.

### 예수님은 하나님이시다

일반인들이나 다원주의자들은 예수님을 공자, 석가모니와 같은 성인 정도로 취급하지만 절대 그렇지 않다. 예수님은 사람과 같은 육신을 입으셨지만, 죄가 없으시며 그의 본래 신분은 하나님이시다. 그 증거의 말씀은 성경에서 쉽게 찾을 수 있다.

> 육신으로 하면 그리스도가 그들에게서 나셨으니 그는 만물 위에 계셔서 세세에 찬양을 받으실 하나님이시니라 아멘 (롬 9:5).

> 태초에 말씀이 계시니라 이 말씀이 하나님과 함께 계셨으니 이 말씀은 곧 하나님이시니라 그가 태초에 하나님과 함께 계셨고 만물이 그로 말미암아 지은 바 되었으니 지은 것이 하나도 그가 없이는 된 것이 없느니라 (요1:1-3).

> 그가 세상에 계셨으며 세상은 그로 말미암아 지은 바 되었으되 세상이 그를 알지 못하였고 자기 땅에 오매 자기 백성이 영접하지 아니하였으나 영접하는 자 곧 그 이름을 믿는 자들에게는 하나님의 자녀가 되는 권세를 주셨으니 (요 1:10-12).

> 말씀이 육신이 되어 우리 가운데 거하시매 우리가 그의 영광을 보니 아버지의 독생자의 영광이요 은혜와 진리가 충만하더라 (요 1:14).

> 예수께서 이르시되 진실로 진실로 너희에게 이르노니 아브라함이 나기 전부터 내가 있느니라 하시니 (요 8:58).

> 나와 아버지는 하나이니라 하신대 (요 10:30).

> 그는 근본 하나님의 본체시나 하나님과 동등 됨을 취할 것으로 여기지 아니하시고 오히려 자기를 비워 종의 형체를 가지사 사람들과 같이 되셨고 (빌 2:6-7).

> 예수께서 이르시되… 나를 본 자는 아버지를 보았거늘 어찌하여 아버지를 보이라 하느냐 (요 14:9).

예수님은 하나님이시요, 인성과 신성을 지니신 만세 전부터 존재하시는 성자 하나님이시다.

## 유일성 세 번째 : 오직 성경!

성경에 대한 우리의 고백은 다음과 같다.

### 성경은 성령님의 감동으로 기록된 하나님의 말씀이다

성경은 사람이 꾸며서 만든 책이 아니다. 하나님의 사람들이 성령의 인도하심을 따라 기록한 하나님의 말씀이다.

> 모든 성경은 하나님의 감동으로 된 것으로 교훈과 책망과 바르게 함과 의로 교육하기에 유익하니 이는 하나님의 사람으로 온전하게 하며 모든 선한 일을 행할 능력을 갖추게 하려 함이라 (딤후 3:16-17).

그러므로 성경의 원 저자는 사람이 아니라 성령님이시다. 기록하는 사람의 지식, 지혜, 경험, 깨달음 등을 적절히 활용하시고 인도하시며, 성령님의 조명과 감동하심을 따라 기록된 것이다. 그래서 우리는 성경을 하나님의 말씀으로 믿는 데 주저함이 없다. 이렇게 우리는, 성경은 성령의 영감으로 기록된 것을 믿는다.

### 성경은 정확 무오한 하나님의 말씀이다

우리는 성경의 내용에 오류가 없다고 믿는다. 성경이 잘못 기록되었거나 수정해야 할 부분이 없다. 성경은 성령의 감동하심을 입은 사람들이 기록한 것이기 때문이다.

> 예언은 언제든지 사람의 뜻으로 낸 것이 아니요 오직 성령의 감동하심을 받은 사람들이 하나님께 받아 말한 것임이라 (벧후 1:21).

성령님의 조명하에 기록된 말씀에 오류가 있을 수가 없는 것이다.

### 성경은 우리의 신앙과 생활의 절대 기준이다

우리의 신앙생활은 성경에 근거하고 성경으로 판단 받는다. 성경은 하나님의 말씀이요, 믿음과 삶의 기준이 됨을 믿는다. 만일 성경에 새로운 계시를 더 해야 한다면 누가 그 진위를 가려낼 것인가? 성경의 권위는 떨어지고 저마다의 체험과 계시를 주장하여 중구난방 엉망이 될 것이다. 신구약 66권의 성경은 우리 신앙과 생활의 절대 기준이 됨을 믿는다.

### 성경은 죄인이 구원에 이르게 하는데 충분하다

우리는 성경의 충분성을 믿는다. 성경엔 죄인을 구원하는 데 필요한 복음이 충분하게 담겨 있음을 믿는다. 그래서 더 이상 첨가할 말씀이 요구되지 않는다. 성경은 요한계시록을 끝으로 완성되었다. 성경으로 부족하여 다른 계시가 또 필요하지 않다. 이단 사이비의 특징이 바로 성경 외의 새로운 계시를 가지고 있다는 것이다. 이 모두가 성경의 충분성을 믿지 않기 때문에 생기는 일이다.

수많은 이단이 이렇게 생겨났다. 성경만으로는 만족하지 못하는 데서 사탄의 미혹에 빠지는 것이다. 이렇게 되면 성경이나 예수님의 십자가 대속의 복음은 무시되고 훼손될 수밖에 없다.

성경은 죄인을 구원하는데 더 이상 가감할 것이 없는 충분한 내용으로 채워져 있다.

### 유일성 네 번째 : 오직 믿음!

구원은 오직 믿음으로 얻어지는 것이다. 구원은 나의 공로나 노력으로 얻는 것이 아니다.

> 너희는 그 은혜에 의하여 믿음으로 말미암아 구원을 받았으니 이것은 너희에게서 난 것이 아니요 하나님의 선물이라 (엡 2:8).

나의 공로와 노력으로 구원을 얻는다면, 굳이 예수님이 이 땅에 오실 필요가 없다. 십자가에 달리실 필요도 없는 것이다.

> 사람이 의롭게 되는 것은 율법의 행위로 말미암음이 아니요 오직 예수 그리스도를 믿음으로 말미암는 줄 알므로 우리도 그리스도 예수를 믿나니 이는 우리가 율법의 행위로써가 아니고 그리스도를 믿음으로써 의롭다 함을 얻으려 함이라 율법의 행위로써는 의롭다 함을 얻을 육체가 없느니라 (갈 2:16).

위에서 강조한 3가지, 오직 하나님, 오직 예수님, 오직 성경을 그대로 믿는 믿음이 있어야만 구원을 얻는다. 다른 믿음이나 선행으로는 구원이 불가하다. 우리는 '공을 세우면 구원받는다'라는 공로 구원이나, '율법을 잘 지키면 구원을 받는다'라는 율법주의 구원론을 배척하고 경계한다.

> 복음에는 하나님의 의가 나타나서 믿음으로 믿음에 이르게 하나니 기록된 바 오직 의인은 믿음으로 말미암아 살리라 함과 같으니라 (롬 1:17).

> 곧 예수 그리스도를 믿음으로 말미암아 모든 믿는 자에게 미치는 하나님의 의니 차별이 없느니라 (롬 3:22).

죄 용서받는 의인은 오직 믿음으로 되는 것이다. 종교 다원주의자들처럼 모든 종교에 구원이 있다거나, 선한 양심으로 살면 구원을 얻는다는 소리는 우리에게는 통하지 않는다.

사람이 죄인 된 이유는 창조주 하나님을 믿지 않고 섬기지 않는 게 근본 이유이다. 불신앙 그 자체가 가장 큰 죄에 해당하기 때문에 믿음이 아니면 구원의 길이 없는 것이다.

> 죄에 대하여라 함은 그들이 나를 믿지 아니함이요 (요 16:9).

### 유일성 다섯 번째 : 오직 은혜!

내가 얻은 대속과 구원은 모두 하나님의 은혜로 된 것이다.

> 그러나 나의 나 된 것은 하나님의 은혜로 된 것이니 내게 주신 그의 은혜가 헛되지 아니하여 내가 모든 사도보다 더 많이 수고하였으나 내가 아니요 오직 나와 함께 하신 하나님의 은혜로라 (고전 15:10).

내가 누리는 구원의 은혜는 나의 노력이나 선행으로 된 것이 아니라 모두 하나님이 주신 은혜다.

> 만일 은혜로 된 것이면 행위로 말미암지 않음이니 그렇지 않으면 은혜가 은혜 되지 못하느니라 (롬 11:6).

우리가 하나님을 찾았는가? 우리가 하나님을 선택하였는가? 아니다. 하나님이 우리에게 먼저 오셨고 나를 택하신 것이다.

> 너희가 나를 택한 것이 아니요 내가 너희를 택하여 세웠나니 (요 15:16).

세상의 모든 일은 하나님의, 선제적 계획과 주권에 달려 있다. 그래서 나의 구원도 은혜가 아닐 수가 없다.
오직 은혜!

> 모든 일을 그의 뜻의 결정대로 일하시는 이의 계획을 따라 우리가 예정을 입어 그 안에서 기업이 되었으니 (엡 1:11).

그러므로 우리는 베풀어 주신 은혜에 감사할 뿐이다. 은혜가 아니면 무엇이랴?

> 너희는 그 은혜에 의하여 믿음으로 말미암아 구원을 받았으니 이것은 너희에게서 난 것이 아니요 하나님의 선물이라 (엡 2:8).

우리는 자랑할 것이 없다. 그저 감사, 또 감사할 뿐이다.

### 유일성 여섯 번째 : 오직 하나님께 영광!

우리의 삶의 목적은 이제 오직 하나님을 향한다. 하나님께 영광이다.

소요리 문답 제1문에서는 인생의 제일 되는 목적은 "하나님을 영화롭게 하는 것과 영원토록 그를 즐거워하는 것이다."라고 한다.

> 이 백성은 내가 나를 위하여 지었나니 나를 찬송하게 하려 함이니라 (사 43:21).

구원 얻은 우리가 살아가는 가장 큰 목적은 하나님께 영광을 돌리는 것이다.

> 그런즉 너희가 먹든지 마시든지 무엇을 하든지 다 하나님의 영광을 위하여 하라 (고전 10:31).

그리스도인들의 최고 목적과 즐거움은 주님을 영화롭게 하는 것이다. 살아도 주님을 위해 죽어도 주님을 위하여 죽는 것이다.

> 우리가 살아도 주를 위하여 살고 죽어도 주를 위하여 죽나니 그러므로 사나 죽으나 우리가 주의 것이로다 (롬 14:8).

이렇게 성경은 유일 신앙을 분명하고 확실하게 가르쳐 주고 있다. 그런데 다신론을 말하고 구원의 다원화를 말하는 자가 있다면 그가 신학자이든, 목사이든, 평신도든지 간에 그는 하나님의 사람이 아니다.

그런데 문제는 우리의 유일 신앙을 유지 못 하도록 방해하는 세력이 점점 커지고 있다는 사실에 우리는 정신을 차려야 할 것이다. 시대적으로 반기독교 세력이 큰 힘을 가지고 있고, 일부 단체들과 연합전선을 구축하여 이 땅의 교회를 공격하고 있다.

> 근신하라 깨어라 너희 대적 마귀가 우는 사자 같이 두루 다니며 삼킬 자를 찾나니 너희는 믿음을 굳건하게 하여 그를 대적하라 이는 세상에 있는 너희 형제들도 동일한 고난을 당하는 줄을 앎이라 모든 은혜의 하나님 곧 그리스도 안에서 너희를 부르사 자기의 영원한 영광에 들어가게 하신 이가 잠깐 고난을 당한 너희를 친히 온전하게 하시며 굳건하게 하시며 강하게 하시며 터를 견고하게 하시리라 (벧전 5:8-10).

그 세력이 어떤 것들인지 다음 장에서 살펴볼 것이다.

# Chapter 02
# 우리의 유일 신앙을 훼손하는 것들

때가 이르리니 사람이 바른 교훈을 받지 아니하며 귀가 가려워서 자기의 사욕을 따를 스승을 많이 두고 또 그 귀를 진리에서 돌이켜 허탄한 이야기를 따르리라 그러나 너는 모든 일에 신중하여 고난을 받으며 전도자의 일을 하며 네 직무를 다하라 (딤후 4:3-5).

우리의 신앙을 훼손하는 것들이 아주 많겠지만, 현시대에 가장 큰 피해를 주는 다음의 몇 가지를 중심으로 말하고자 한다.

## 사탄, 성(性) 혁명으로 승부를 겨루다

우리의 유일 신앙을 상당 부분 훼손하는 것이 있다. 그것은 평등법이다. 일명 "포괄적 차별금지법"은 실로 악마의 법이라고 해야 할 판이다. 이 평등사상은 단순히 남녀 평등이나 인격적 평등이 아니다. 그것에는 상당한 사탄적 음모가 들어 있다. 그런 것들이 법제화된다면 그것은 우리 국민의 도덕성을 상당히 떨어뜨리고 기독교를 말살할 만한 수준이다. 그런 세력이 서양을 접수하고 이제 우리 대한민국을 점령하고 있다.

기독교가 도전받는 분야 중 성 개방은 아주 큰 부분을 차지한다. 성으로 인한 타락과 범죄는 심각하고 날로 증가하고 있다. 실로 사탄이 가지고 있는 강력한 무기로 작용하고 있는데 이것을 성 혁명이라고 한다.

청춘 남녀가 성적 반응을 갖는 것은 당연하다. 성적인 존재로 창조되었기 때문이다. 그래서 사랑도 하고 결혼도 해서 자녀를 낳는 것은 하나님의 아이디어이다.

> 이러므로 남자가 부모를 떠나 그의 아내와 합하여 둘이 한 몸을 이룰지로다 (창 2:24).

> 말씀하시기를 그러므로 사람이 그 부모를 떠나서 아내에게 합하여 그 둘이 한 몸이 될지니라 하신 것을 읽지 못하였느냐 (마 19:5).

결혼이란 하나님 말씀대로 한 명의 남자와 한 명의 여자가 가정을 이루는 아주 복된 일이다. 그것은 하나님이 주신 선물이요, 보편적 사람들에게는 당연하며 아름답고 편한 것이다.

> 만일 절제할 수 없거든 혼인하라 정욕이 불같이 타는 것보다 혼인하는 것이 나으니라 (고전 7:9).

그런데 이제는 이 창조주의 섭리와 절대 법칙을 인간의 정부 차원에서 깨버리고 부당한 것을 강요하고 있다. 사람이 사람 고기를 즐겨 먹는다면 다원주의나 다문화 차원에서 허용해야 할까? 사람이면서 사람이 아닌 다른 차원의 생활을 하려 든다면 그것을 누가 찬성하겠는가?

인간의 자유란 무한히 허용된 게 아니다. 한계가 있고 제한이 있어야 한다. 그것은 인권탄압이 아니라 최소한의 인간다움을 지키기 위함이다. 그런데 작금의 현상을 보면 인간다움이 사라진 신종 인간의 모습이다.

### 포괄적 차별금지법(평등법)의 핵심 4가지

이 법은 세상 모든 것을 평등화하여 섞어 버리는 법이다. 우리 기독교에는 치명적인 법이다. 종교 평등까지 다루고 있기 때문이다. 그것은 곧 강력한 혼합주의를 부르는 법이다. 주로 왼쪽에 있는 의원들 중심으로 추진되고 있는데, 우리는 정치권의 이런 움직임에 예민할 수밖에 없는 것이다. 그 핵심적 내용 4가지를 말해보자.

### 성(性)차별 금지(성평등)

왜 양성(남녀)평등을 없애고 성평등이라고 할까? 그것은 양성, 동성, 그리고 분류할 수 없는 제3의 성까지 포함해야 하기 때문이다. 그것은 곧 모든 성적 존재와의 결합을 정당화하기 위함인데 성적 존재의 범위는 남녀 외에 독일처럼 동물도 포함될 수밖에 없다.

"성적 지향"이란 말이 국가인권위원회(2002년 설치)에 실리게 되었고, 그 단어가 지금에 와서는 엄청난 파괴력을 가지게 되었다. 그 결과 이런 것들을 기반으로 동성애를 옹호하고 조장하는 "인권 조례안"이란 것이 서울시 의회에서부터 만들어지면서, 뒤이어 전염병처럼 각 지방 정부에 퍼져, 앞다투듯이 인권 조례안이 만들어지고 있다. 상위기관에서 안 되니까 지방 하위기관에서부터 시작해 올라가는 것이다.

영국의 인권변호사 안드레아 윌리엄스는 한국에 와서 동성애의 위험성과 잔인성을 알렸는데, "한국은 제대로 믿고 대처해서 영국처럼 되지 말라"고 눈물로 호소하며 외쳤다! 왜냐하면 영국은 지금 하나님을 떠났기 때문에 세상을 대항할 힘이 없다는 것이다. 그녀는 말하기를 한국에서는 아직도 동성애 반대운동을 하고 새벽기도를 하니 희망이 있다는 것이다. 그리고 한국교회가 영국에 선교사를 보내 달라고 요청했다. 그리고 영국으로 돌아가면서 남긴 말이 "나는 다시 지옥으로 갑니다."라고 했다.

과거에 세계적으로 선교사를 가장 많이 파송했던 기독교 나라 영국이, 어쩌다가 지옥으로 바뀌었을까? 그것은 한마디로 평등법, 혼합주의를 막지 못했기 때문이다.

동성애 하면 빼놓을 수 없는 나라가 있다. 바로 이스라엘이다. 겉으로 보기에는 다른 민족보다 경건할 것 같고, 언젠가는 주님 품으로 돌아올 형제 같은 친근감도 든다. 그러나, 이스라엘이 세계 최대 동성애 천국이라는 사실을 아는 이들은 많지 않다. 수도 텔아비브에서는 해마다 동성애 축제가 열리는데 수십만 명이 모이고 외국인들도 참여한다. 1997년 차별금지법이 통과 된 후 지금까지 지원해 주고 있고, 이 도시 150만 명 중에 동성애 인구는 25%(375,000명)나 된다. 세계 최대치를 자랑한다. 법무부 장관이 동성애자인데 그는 대리모를 통해 자녀를 둘이나 두었다. 전체 인구의 약 900만 명 중에 동성애자 수는 100만 명에 달한다. 한국으로 치면 500만 명에 해당하는 숫자다.

세계 동성애 인구는 점점 늘어 4억 명이다. 이들만의 경제 규모가 커지면서 정치권은 표밭으로, 사업가들은 돈벌이로 군침을 흘리고 있다. 종교의 공적 모임에서 동성애가 죄라고 말하는 것에 대해서는 단속하지 않는다고 하지만 눈 가리고 아웅이다. 신앙생활을 교회 안에서만 하라는 말인가? 영국은 동성애는 물론 10대가 되면 성적 자기 결정권이 합법적으로 주어져서 자기의 성생활을 자기가 결정한다. 그리고 초등학교에서는 피임약이나 임신 테스트 용지를 무료로 나누어 준다고 한다.

그 차별 금지법(평등법)이란 것이 "성적 지향"이나 "성(性)적 자기 결정권"이란 것을 부여하게 되는데, 타고난 성(性)을 거부하고 남성이 될지 여성이 될지를 자신이 결정한다는 것이다. 그런 일이 가능하도록 법으로 보장해 주는 것이 바로 "차별금지법"이다. "차별 금지" 또는 "평등법"이란 말은 좋은 것 같지만, 알고 보면 미친 법이다. 평등법이 통과 된 나라들에서 일어나는 일들을 보면 그렇다.

"여학생", "남학생"이란 단어를 쓰면 불법이다. 차별이기 때문이다. 결혼하면 부부인데 "남편", "아내"로 구별하면 불법이 된다. 몸은 남자인데 정신이 여자라고 생각하면 여자가 된다는 말이다. 오늘은 여자, 내일은 남자도 될 수가 있다. 그래서 남자가 여자 화장실이나 여자 목욕탕도 드나들 수가 있다. 운동경기도 여자 종목에도 출전할 수 있다. 이미 평등법이 통과된 나라에서 생기는 일이다. 실제로 어느 남자가 자신은 여자라고 하니 여자 달리기에 출전하여 일등을 했고, 실제 남성이 여성으로 선언하여 여성 격투기 시합에 나가서도 우승했다. 이게 평등이란다.

**아~ 함께 미치지 않으면 살 수 없는 땅이여!**

**대한민국도 정녕 그 길로 가려는가?**

> 때가 이르리니 사람이 바른 교훈을 받지 아니하며 귀가 가려워서 자기의 사욕을 따를 스승을 많이 두고… (딤전 4:3).

## 경제 차별 금지

차별금지법(Anti-discrimination Law)은 정치·경제·사회·문화 등 모든 생활영역에서 모든 형태의 차별을 법으로 금지하여 민권을 보호하자는 취지를 가진다. 그래서 '포괄적 차별금지법'이라고 하는 것이다. 생활 속 모든 영역에서라는 말이 사람 잡는 것이다. 그것은 코에 걸면 코걸이 귀에 걸면 귀걸이가 될 가능성이 아주 높다. 먼저 통과 된 나라에서 나타나는 일들을 보면 그렇다.

그 중의 경제적인 측면을 말한다면, 잘살고 못사는 경제력으로 인해 차별받는 것도 금지된다. 이것은 경제력으로 인한 자연스러운 차이점까지 간섭하게 될 것이다. 내가 좋은 차에 좋은 옷을 입는 것으로 인해 누군가 차별감을 느낄 수도 있다. 웃기는 말 같은데 사실이다. 혼잣말로 "아~ 나는 뚱뚱하게 살찌는 게 싫어!"하면 뚱뚱한 사람을 차별한 것이다. 모든 생활영역에서의 차별을 없애겠다는 이 법을 가볍게 겉으로만 보면 안 된다.

이러다간 국민의 경제 수준을 평준화시키려고 시도할 수도 있다. 이 법을 추진하는 사람들의 다수가 평등사회를 아주 좋아하는 왼쪽 부류들이기 때문이다.

그 실례로, 과거 정부 시절, 초과 수입이라는 생소한 말을 했다. 즉 기업체의 수입 중에 초과한 수입은 사회에 혹은 국가에 환원해야 한다는 취지의 사회주의다운 말이다. 그것은 곧 자연스러운 기부금이 아니라, 필요 이상의 수입은 토해 내야 한다는 독재 국가에서나 할 법한 속내를 보인 것이다. 이윤의 극대화를 위해서 일하고 연구하는 게 기업인데 초과 수입이라는 말이 가당한가? 기업의 이윤이 많이 남고 적게 남을 수는 있겠으나 초과 수입이란 있을 수 없다. 이윤이 많을수록 그것은 긍정의 효과가 크다. 그래야 임금도 오르고 재투자하여 또 일자리가 생기기 때문이다.

아무리 열심히 일해서 번 돈이라 해도 어느 선을 넘어가면 초과 수입에 해당하여 반납해야 한다니 기가 막히다. 명분은 서민들의 복지 핑계를 대겠지만 그것이 바로 차별 없는 경제 평등사회다. 남보다 열심히 일해서 많이 남기면 손해를 보게 되는데 누가 열심히 일하여 그 능력을 발휘하겠는가?

개인이나 특정 기업이 많은 경제력을 가지면 안 된다. 그것도 차별로 보는 자들이 있기 때문이다. 그래서 이 법은 코에 걸면 코걸이 귀에 걸면 귀걸이가 될 가능성이 아주 높다는 것이다.

### 사상 차별 금지

평등법은 모든 사상의 자유를 가진다는 말이다. 특히 공산주의 사상을 차별한다거나 비난의 말을 하면 차별금지법에 걸리게 된다. 다시 말해서 평등법은 공산주의를 이 나라에 합법적으로 안착시키는 법이다.

김일성을 추종하는 주체사상을 추종하고 학생들에게 가르쳐도 방해하지 말고 공산주의를 비판하지 말라는 법이다. 이런 법은 북의 지령을 받고 남한의 종북 세력들에 의해 만들어지는 것으로 의심하는 것은 지극히 합리적이다. 북한의 공산당이 아주 좋아할 법이기 때문이다.

사상이란 삶의 방향을 결정짓는 중요한 부분이다. 그 사상에 따라 정치가 달라지고 사회구조가 달라지고 국가의 향방이 결정되는 것이다.

사상과 이념을 따라 정직한 사람도 되고 나쁜 놈이 되기도 하는 것인데 사상 차별 금지라…? 아무리 생각해 보아도 친북세력과 공산당이 손뼉 치며 좋아할 일이다. 이 법은 유치원 때부터 친공산주의 사상을 키우는 합법적 길을 열어 준다. 지금도 친북, 친공 사상을 주입하는 교사들이 있는데, 이 평등법은 자유대한민국을 고속으로 무너지게 할 것이며 결국엔 공산화의 대로를 열어 주는 "민주국가 자살법"이 될 것이다.

진정한 자유민주주의를 사랑하는 우리 기독교와 국민은, 그런 악마의 사상을 보호하는 세상에서 제대로 살아갈 수 없는 것은 자명하다.

**종교 차별 금지(종교 평등)**

모든 종교는 평등하다는 것이다. 그래서 자기가 믿는 종교의 우월성, 차별성을 말하면 안 되고, 다른 종교를 비판하면 범죄자가 된다. 기독교는 구세주는 오직 예수님이요, 십자가 대속의 복음만이 구원의 진리라고 외치면 범법자가 되고 성경은 불법 책이 된다.

그저 모든 종교는 같으며 모든 종교에 구원이 있다고 인정해야 한다. 모든 종교와 신들은 평등하다는 것을 인간의 법으로 규정 해 놓는 것이다. 그것은 곧 우리 하나님을 잡신들 수준으로 끌어내리는 죄악이요, 감히 인간이 신의 자리를 정해주는 오만함이다.

**다음은 기독 일보에 보도 된 기사 내용의 일부이다.**

"차별금지법"을 주제로 한 토론회가 2020년 1월 20일 고양시 사랑누리교회에서 열렸다. 고양시 기독교총연합회 특별대책위원회(위원장 지00 목사)가 주최했다. 특히 이 자리에 정의당 심00 의원이 참석했다. 그리고 그 동안 차별금지법 제정에 반대해 온 염00 원장(수동연세요양병원)과 김00 약사(한국가족보건협의회 대표)도 함께 자리했다.

먼저 염00 원장은 "독일에선 1961년부터 동성애가 선천적이라는 이유로 합법화됐고, 1969년에는 수간이 공식적으로 합법화됐다. 시체 성애 합법화 사례도 이어졌다."라며 "대한민국이 자유민주주의 국가라면 동성애 찬성과 함께 반대 의견도 있어야 한다. 동성애를 반대한다고 처벌받는다면 이는 형평성에 어긋나고 자유민주주의 체제에선 있을 수 없는 일"이라고 했다.

또 염00 원장은 "나는 의사로서 주로 에이즈 환자들을 진료한다. 이들은 피눈물을 흘리며 내게 '제발 동성애를 막아서 에이즈에 걸리는 사람이 없도록 해 달라'고 했다."라며 "동성애를 반대하면 차별금지법으로 처벌하는 게 말이 되는가?"라고 했다.

그는 "우리나라 에이즈 환자, 특히 10~20대 청년들의 에이즈 감염률은 무섭게 늘어나고 있는데, 동성애를 법으로 보장해 준다면 에이즈 급증을 무슨 수로 막으려는가?"라고 말했다.

참석자 중 신00 목사는 "핵심적으로 질문하겠다. 목사들이 차별금지법을 어기는 설교를 할 때 처벌받는가 안 받는가?"라고 물었다. 이에 심 의원은 "처벌받겠죠."라고 답했다. 그러자 신 목사는 "성 소수자의 행동이 잘못됐다고 강단에서 말하고, 이단을 이단이라고 말해 처벌한다면 차별금지법은 목사들을 처벌하는 법"이라고 말하면서 "그래서 우리는 반대하는 것"이라고 했다. [출처] 기독일보, https://www.christiandaily.co.kr/news/85907. html#share

평등법하에서 기독교는, 사이비 이단과 투쟁을 할 수 없고, 죄를 죄라고 말해도 안 되고, 특히 이단이라고 말하지도 못하고 구별해서도 안 된다. 그러므로 신천지, 통일교, 몰몬교, 여호와증인, 자칭 신이라고 하는 자들과 기독교가 구별되지 않으므로 종교 혼합의 현상은 더욱 가속화될 것이다.

이런 일에 앞장서고 있는 단체가 바로 WCC, WEA, NCCK, Catholic인데, 여기에 더해 헌법에 종교 평등이 명시됨으로써 우리를 탄압하게 되는 것이다.

종교 평등을 좋게 여기는 목사들은 예수님을 인정하고 삼위일체를 인정하면 하나 될 수 있다는 식이다. 이들은 모두 연합하여 더 나아가서 다른 종교와도 연합의 가능성을 열어놓고 있다.

서로의 종교를 인정해 주면 똑같은 줄 아는 목사들이 있다. 불교가 그렇고, 천주교도 그렇고, 이슬람도 속으로는 알라만이 유일하다고 믿으면서도 역시 기독교의 성경과 교리를 인정해 준다면 하나가 될 수 있는가? 그것이 우리 주님이 가르쳐 주신 사랑인가?

이런 단체에 가입해 있는 한국 교단이 절반이나 되고, 일부 목사들이 문제점을 지적하며 탈퇴하라고 외쳐도 오히려 교단의 영향력 있는 대형 교회 목사들이 방패 노릇하고 있으니 통탄할 일이다.

미국의 새0백교회 릭0렌 목사가 한국교회 목사들에게 많은 영향을 끼쳤는데, 특히 그의 저서, "00이 이끄는 삶"이란 책은 한국 목사들의 교과서적인 위치까지 올랐다. 이 사람이 기독교와 이슬람의 혼합 종교 크리슬람(chrislam)을 만들었다는 것을 아는 목사는 그리 많지 않다.

어디 그뿐인가? 수정교회 로버트 슐러는 물론, 세계적인 부흥사 빌리 그래함 목사까지도 종교다원주의자로 변절 된 증거들이 적지 않다. 사실이 왜곡되거나 과장되었다고 주장하는 사람도 있지만, 그 외 여러 정황으로 볼 때 충분히 의심할 만하다. 빌리 그래함 목사는 오직 예수 구원을 말했지만 동시에 종교 다원주의 언행도 보였기 때문이다. 그러한 사실을 감지한 마틴 로이드 존스 목사님은 빌리 그레함 목사와 함께 사역하는 것을 거부했다고 한다. 그런데도 한국교회는 빌리 그래함 목사 한국 집회 50주년을 기념하는 대형 집회를 2023년도에 상암동 월드컵 경기장에서, 대대적으로 개최하기를 주저하지 않았다.

이제는 "종교 평등론"이 땅과 영계를 사로잡아 절대 군주로 자리 잡아가고 있지만, 목사들의 소경 같은 짓들은 근심을 넘어 분노하게 만든다.

초대형 규모의 OOO교회 J 목사는 2004년 5월 12일 불교대학인 동국대 대학원에서 학생들을 상대로 강의하는 중에, 기독교에는 기독교만의 구원이 있는 것처럼 불교도 불교 나름대로 구원이 있다고 말했다. 그리고 한국 기독교가 부흥된 것은 불교의 덕분이라고까지 했다. 이런 발언으로 한국 교계에 큰 파장을 일으켰지만, J 목사는 공식적으로 사죄하거나 그 발언을 취소하지도 않았다. (기독교신문 2004. 5. 23)

그날 강의 내용을 요약하면 다음과 같다.

첫째, 예수님과 부처는 크게 다르지 않다.

둘째, 부처의 사랑과 예수님의 사랑은 똑같다.

셋째, 기독교와 불교를 포함한 모든 종교는 다 평등하다.

넷째, 과거 흥했던 불교가 약화 되었기 때문에 요즘 사회문화가
　　　문란해졌다.

다섯째, 불교와 기독교가 전도를 많이 하면 혼란하고 난장판이 된
　　　　사회를 변화시킬 수 있다.

여섯째, 한국에 기독교의 복음이 확산할 수 있었던 것은 먼저 있었던
　　　　불교의 포용력이 아니면 불가능했을 것이다.

일곱째, 불교는 한국의 장자 교단이다.

그리고 자기 교회에 가서는 예수님만이 구원자라고 설교했단다. 기가 막

히다. 이것이 한국교회가 자랑하는 목사의 입에서 나온 말이라니 믿어지지 않는다. 그것도 한때 수십만 성도를 자랑하는 대형 교회 목사가 이렇다면 그에 딸린 성도들이 오직 예수님, 유일 신앙을 유지했을까 의심스럽다. 구원의 복음이 장소와 상황에 따라 달라지는 이중 구조의 구원을 말한 것이다.

이것이 곧 평등법을 따르고 있는 종교 다원주의다. 한국의 유명한 대형 교회 상당수의 목사가 이런 식이다. 이제 모든 종교는 평등법 밑으로 모이게 될 것이다.

이미 평등법(종교 다원주의)을 합법화한 미국에서 바이든 대통령 취임식에서 축복기도를 한 목사의 기도는 충격적이다. 예수님의 이름으로 기도하는 게 아니라, "모든 종교의 신들의 이름으로 기도합니다"라고 했다. 하원 의원 개원 때, 또 다른 목사의 기도는 "다양한 종교 신의 이름으로 기도합니다."라고 했다.

이제는 공적인 자리에서 예수님의 이름으로 기도하는 것은 허용이 되지 않는다. 이게 평등법하에서 일어나는 일이다. 마귀는 세상의 권력에 붙어 기독교의 유일 신앙을 공개적으로 무너뜨리고 있다.

이미 교단법으로 통과 된 미국 교회의 일부 목사님들은 이 평등법을 반대하면서 교단이나 교회 건물을 버리면서까지 탈퇴하고 있다. 장로교나 감리교회의 목사님들 중 반대를 행동으로 옮기는 일이 종종 있다. 특히, 감리교는 목회자 파송제를 실시하고 있기에 총회 결정에 반대하는 목사는 감독이나 연회장이 인사이동을 시켜 버린다. 불이익을 당하는 것이다. 심하면 제명 또는 면직당한다. 교회 재산도 교단 앞으로 되어 있어서 법정 투쟁도 어렵다. 그래서 탈퇴하고 새로 개척교회를 세우는 사례도 많아지고 있다.

미국의 어느 한인 감리교회의 목사님은 평등법을 반대한다는 이유로 다른 곳으로 발령을 받자, 탈퇴하고 개척교회를 세웠는데 교인 1,000여 명 중 600여 명이 동참했다.

이제 우리 목사들은 이런 각오와 결단이 필요하다. 목구멍이 포도청이라는 생각으로 그냥 붙어 있으면 똑같은 지옥 자식이 되는 것이다.

평등법이라는 게 바로 이런 것이다. 온통 반기독교 성향 일색으로 우리의 유일 신앙을 뒤흔든다. 성 개방주의자들과 공산주의, 사회주의, 온갖 인권 운동 단체가 합세하여 우리를 압박하고 이제는 정치권(국회)의 마침표만 남은 것이다. 아~ 기독교가 온전치 못한 땅에 다른 종교라고 무사할까? 시간문제다. 평등법은 종교의 자유와 신앙 양심을 억압하는 악법이요, 우리의 후손들을 병들게 하는 악법이기 때문에 우리는 적극적으로 싸워야만 살아남을 것이다.

### 강화되는 혼합주의(종교 다원주의)

> 거짓 선지자가 많이 일어나 많은 사람을 미혹하겠으며 불법이 성하므로 많은 사람의 사랑이 식어지리라 그러나 끝까지 견디는 자는 구원을 얻으리라 (마 24:11-13).

2024년 4월 29일 자 국민일보에 의하면 "높은 뜻 광성교회"에서 기독교 근본주의를 비판하는 세미나가 열렸다.

근본주의란 보수주의라고 할 수 있는데, 전통적 유일 신앙을 말한다. 이날 발표자들에 의하면 "전통 신앙이 심각한 문제를 일으키고 있다."라고 비판했다. 이날 참석자들은 신학자요 대형 교회의 목사들이다.

새00 교회 이00 목사는 "근본주의(전통 신앙)의 위험성은 기독교 영성의 핵심인 예수 사랑, 자비, 긍휼과 거리가 멀고, 이것이 들어가는 곳에는 끊임없는 대립과 갈등, 분열이 반복된다."라고 말했다. [출처] 국민일보, https://www.kmib.co.kr/article/view.asp?arcid=1714375754

예수님의 사랑과 긍휼을 빙자한 이들의 비판은 예수님의 사랑을 오도하는 혼합주의에 기반한 비판에 불과하다. 이들은 분열과 충돌을 일으키는 이유로, 우리가 믿고 있는 내용을 지적한다.

**종교 다원주의자들이 지적하는 전통 신앙(근본주의)의 내용**
기독교인이 기본적으로 믿는 신앙은,
**첫째, 성경의 무오성을 믿는다.**
　성경은 하나님의 감동을 받아 기록한 것으로서 오류가 없다.
**둘째, 예수님의 동정녀 탄생을 믿는다.**
　성령님의 능력으로 처녀 마리아의 몸에 잉태된 것을 믿는다.
**셋째, 십자가에 죽으심을 믿는다.**
　십자가 대속의 죽음이다.
**넷째, 육체의 부활을 믿는다.**
　3일 만에 육체로 부활하신 것을 믿는다.
**다섯째, 예수님의 재림을 믿는다.**

언젠가 이 세상을 심판하시려 재림하실 것이다.

이러한 믿음의 내용은 기독교인이라면 지극히 당연하다. 문제가 전혀 없다. 이것은 기독교 전통 신앙이요, 사도들이 전한 복음이요, 이 복음을 위해 사도들과 수많은 성도가 순교했다. 그런데 이들의 주장은 이제는 달라져야 한다는 것이다. 왜냐? 사랑과 연합, 평화에 문제가 되기 때문이라고 주장한다.

### 종교 다원주의자들이 지적하는 기독교 전통 신앙(근본주의)의 문제점
### 첫째, 기독교 정신의 보편적 가치인, 사랑, 인권, 자유, 평등, 평화 등의 가치를 사장시킨다.

그 세미나에서 특히 이00 목사는 "근본주의(전통 신앙) 현상의 특징은 기독교 정신의 보편적 가치인 인권, 자유, 평등, 박애, 평화 등의 가치를 사장 시킨다고 주장하면서 기독교 신앙에 큰 해악"이라고 전통 신앙을 비난했다. 우리 기독교의 전통적 신앙 고백은 오직 성경, 오직 예수님만이 구세주가 되신다는 내용이 핵심이다. 그런데 이들은 우리의 이 신앙 고백 때문에, 사랑이나 화합, 평화가 깨진다는 지적이다. 이들은 주님의 사랑을 가리지 않고 모든 남자와 사랑하는 매춘부의 사랑으로 전락시키고 있다.

### 둘째, 기독교 전통 신앙은 화합을 깨고 충돌과 분열을 일으킨다.

기존의 전통 신앙을 고집하기 때문에 자기들 같은 다른 세력과 충돌하고 다투게 된다는 지적이다. 기독교 역사는 복음의 순결을 지키기 위한 순교와 충돌의 역사이다. 예수님도 이 땅의 공생애 기간에 당시의 종교 지도자들과 충돌하셨다. 당시의 바리새인, 서기관, 율법사들의 외식과 교만, 그리고 잘못된 신앙을 신랄하게 지적하시면서 충돌하셨고 급기야 인민재판식 엉터리 재판으로 죽으셨다. 충돌이 나쁜 것이라면 예수님도 문제가 많다는 말이 된다.

충돌한다고 나쁜 것인가? 서로 다른 성질인 것이 만나면, 충돌하고 부서지고 시끄러운 것이다. 진리와 거짓이 만나서 화합하는 것이 정상이란 말인가? 기독교와 이단이 만나 연합하는 게 주님의 사랑인가? 그럼, 공산주의나 동성애, 종교 평등론자들과 연합하는 게 주님의 사랑인가?

주님의 가르침대로 믿고 성경대로 믿기 때문에 문제가 된다니 기가 막히다. 이것이 불신자도 아닌 목사들이 한 말이라니…. 결국엔 성경대로 믿지 말고 화합과 평화의 길을 선택하라는 것이다.

다시 말한다. 우리는 다른 집단과 충돌이 있을지언정 진리를 바꿀 수가 없다. 우리는 순교신앙으로 무장하여 이 구원의 복음을 지켜야 한다.

> 거짓 선지자가 많이 일어나 많은 사람을 미혹하겠으며 불법이 성하므로 많은 사람의 사랑이 식어지리라 그러나 끝까지 견디는 자는 구원을 얻으리라 (마 24:11-13).

### 종교 다원주의자들이 추구하는 목적과 가치
**첫째, 이들의 가치는 화합과 연합이 최우선이다.**

우리에게는 복음의 본질(십자가 대속의 복음)을 지키는 게 우선이다. 그러나 이들에게는 화합과 평화, 사이좋게 지내는 것이 지상 과제이다. 더 나아가서 이런 자세는 종교 통합까지 가능하게 한다. 화합, 연합, 사랑도 좋지만, 복음을 변질시켜 가면서까지 연합하는 것은 있을 수 없다. 그것은 배신이요 사탄과 연합이다. 그래서 우리는 종교 통합을 사탄의 역사로 본다.

솔로몬은 말년에 온 나라를 여호와만 섬기는 유일 신앙에서 벗어나 혼합종교로 변질시켰다. 부인들이 가져온 우상을 만들어 주고, 거대하고 화려한 신당을 만들어 이교도와 화합의 길을 열어 주었다. 그 결과 하나님의 진노를 사고 나라가 남북으로 갈리고, 그래도 정신 차리지 못하니 북이스라엘은 B.C. 722년에 망하고, 남 유다는 B.C. 586년에 망했다.

사랑과 화합만을 강조하는 자는, 성경의 분명한 말씀을 외면하고 구원의 복음을 변질시키는 거짓 선지자이다.

남북통일을 바라는 사람들이 많은데, "우리의 소원은 통일~" 그러나 어떤 국가로 통일이 되어야 하는지는 말하지 않는다. 자유 민주국가로 통일이냐? 아니면 공산국가로의 통일이냐? 이 부분을 말하지 않고 무조건 통일만 말한다면, 그자의 저의를 의심해야 한다. 연합과 소통보다 더 중요한 것은 우리의 전통적 신앙, 즉 유일 신앙을 지킬 수 있느냐를 강하게 따져야 한다.

**둘째, 사랑과 연합을 강조하는 이들은 혼합주의를 속에 품고 있다.**

이들은 WCC(세계교회협의회)를 지지한다. 이들은 교회 연합운동이라고 하지만 교회뿐 아니라 세상의 모든 종교나 이념 사상까지 포용하는 흐름을 보이기 때문이다. 이들은 타 종교나 이념 사상을 경계하거나 싸우려 하지 말고 연합운동에 동참하라는 것이다. 그것이 주님이 가르쳐 주신 사랑이고 자비란다. 성경 진리 안에서의 순수한 교회연합운동은 참 좋은 것이지만, 종교통합은 다신론 사상이나 성경이 용납할 수 없는 내용들로 인해 교회의 순수 복음을 지킬 수 없으므로 절대로 해서는 안 되는 일이다. 다른 것들과 충돌이 없다면 그것이 오히려 비정상인 것이다.

믿음의 내용이 무엇인지 확인이나 걸러내는 과정도 없이 사랑으로 연합하는 것은 미친 짓이다. 그것은 포괄적 차별금지법을 따라가는 것이고 종교 다원주의와 맥을 같이 하는 혼합주의에 불과하다.

### 셋째, 이들은 성경의 권위를 떨어뜨린다.

이들은 성경을 하나의 문학작품으로 본다. "근본주의(정통신앙)는 문자주의에 치중해 성경 본문을 기록된 그대로 현실에 적용하려는 신앙인 데 반하여, 자신들은 성경의 문학적 맥락을 고려하며 현재 상황에 맞게 적용한다."라고 비판한다.

우리는 성경의 영감설이나 무오성을 믿는다. 그러나 저들은 성경을 문학작품으로 본다. 인간이 만든 문학작품 말이다. 그러므로 이들은 성경의 영감설이나 무오설, 완전성을 믿지 않는다. 그러면서도 자신들을 복음주의로 말하고 있으니 어이가 없다. 이들에게는 성경의 권위가 그리 높지 않고, 성경이 신앙과 생활의 유일한 기준이 아니다. 그래서 성경을 이 시대에 맞게 재해석하고 시대의 흐름과 발맞추어 가는 것이다. 거듭 말하지만 이제 기독교의 가장 큰 적은 혼합주의다. 그동안 종교 혼합으로 짭짤한 재미를 본 사탄이 좀 더 강화된 혼합주의를 들고나온 것이다. 그것도 공권력을 이용해서 신학자나 대형 교회 목사들을 통해서 말이다.

## 동성애(性평등)주의자들이 사용하는 단어와 의미

이들이 쓰는 말들은 아주 전략적이다. 그래서 처음에는 사람들이 잘 모르다가 한참 지난 다음에 알게 된다.

### 성적 지향(性的 志向)

이것은 "자기 성생활의 방향을 어느 쪽으로 향하느냐"라는 것인데…. 즉 동성애, 양성애, 동물 성애, 유아 성애, 기타 등…. 수십 가지나 된다. 이들은 자신들의 이런 이상한 성적 지향성을 국법으로 인정해 달라는 것이다.

이젠 성적 지향뿐 아니라 다른 쪽으로 지향하는 것들도 다 허용해야 할 판이다. 남의 돈을 훔쳐 가는 도벽 지향이면 허용해야 하는가? 음주 운전해도 "알코올 행복 지향"이면 허용해야 하는가? 마약 행복 지향이면 허용해야 하는가? "폭력 행복 지향"이면 폭력을 허용해야 할 판이다. 어찌 저들의 그 일만 허락할 일인가? 자기의 성향이 어느 쪽을 향하느냐는 지극히 개인적인 일이긴 하나, 그것이 사회질서를 깨거나 인간의 가치와 도덕성을 파괴하고, 다수에 위협이 된다면 바른길로 선도해야 할 일이지, 오히려 그 소수자를 위해 반대하는 다수를 위험에 빠뜨린다면 이게 말이 되느냔 말이다.

### 성 소수자

저들이 이 단어를 쓰는 이유는? 소수자라는 말로 동정심을 사고 다수에 의한 피해자라는 왜곡된 인식을 대중들에게 심어 주는 것이다. 우리 대중은 그들이 어디서 무엇을 하는지도 몰랐다. 그런데 그들이 "커밍아웃"을 하고 거리로 나오면서 알게 된 것이다. 거리에서 나체쇼를 하고 음탕한 짓을 하면 음란 공연 죄로 체포해야 하는데, 경찰이 보호해 주는 지경에 이르렀다. 그래서 우리도 목소리를 높이는 것이다. 우리에게는 싫어할 권리가 있다.

저들이 생소한 언어로 둔갑해 말하니까 일반인들이 잘 모르는 것이다.

평등, 평화, 화합, 성 정체성, 성평등, 성 소수자, 행복 추구권, 성적 지향, 무지개 사랑 등…. 평소 쓰지도 않는 신조어로 돌려 말하니 그 의미를 모르는 것이다.

마치 6.25가 북침이냐? 남침이냐? 라는 말로 혼동을 주고, 북한이 주적이라 하지 않고 "우리 민족", "동포", "동반자"라고 하여 북한을 향한 적대감을 없애고 미군 물러가라고 외침으로, 우리의 적이 혹시 미국인가? 라고 혼동시키는 것과 같다.

이들은 진정 피해자인가? 절대 아니다. 우리는 이들이 조용히 살 때는 몰랐다. 간섭하거나 거리 투쟁도 하지 않았다. 그들의 사생활도 방해할 생각이 없었다. 그러나 그들이 스스로 커밍아웃하고 거리에 나와 경찰의 보호 아래 나체로 축제하고, 보기 민망한 수준의 짓을 하니까 알게 되고 눈살을 찌푸리게 된 것이다.

게다가 그들은 차별금지법 입법화를 추진하면서, 생각이 다른 우리에게까지 찬성을 강요하는 수준이다. 그래서 반대하게 된 우리의 발언을 "혐오"라고 뒤집어씌워 우리의 입을 봉하고 우리의 삶의 영역을 상당히 침해하는 지경에 이르렀다.

우리는 그런 일들이 죽기보다도 싫은데, 싫어할 권리도 없는 사회를 만들어 가면서 거부하는 다수의 국민을 무시하고, 이들 탓에 고통당하는 우리를 보호해 주지 않는다. 진정한 피해자는 반대하는 다수의 국민이다.

우리는 그들이 침범해 들어오는 우리의 영역을 지키려는 것이다. 그들이 원하는 대로 합법화된다면 우리는 이 땅에 설 자리가 없을 정도로 불이익을 당하게 될 것이다.

우리 아이들과 후손들이 유치원과 학교에서 동성애가 사랑이라고 배우게 될 텐데 끔찍한 일이다. 거부했다가는 벌금이나 감옥에 가게 생겼는데 가만히 있으라니 말이 되는가? 미쳐가는 세상에 함께 미치라고 하는 게 가당한가? 말은 바로 하자! 동성애자 그들이 괴로운 것은 그들이 그런 생활을 선택하였기 때문이다. 누가 그런 생활을 강요했는가? 사회적 다수가 그들을 힘들게 한 것이 아니라 동성애의 삶을 스스로 선택한 자신들 탓이 아닌가?

### 성(性)평등

그들은 이제 "양성평등(남녀 평등)"을 버리고 성평등으로 전환했다. 성혁명이다. 특히, 같은 생각을 가진 " 여성가족부"나 장관까지 나서서 동성애 편에 선 모습을 보인다. 여성과 가족을 지키고 보호하는 정책을 펴야 하는 부서가 오히려 반대로 가고 있다. 그래서 윤석열 대통령은 여가부를 없애 버리겠다고 공약을 해 놓고도 그냥 놔두고 있으니 답답한 노릇이다.

"성평등"이란 단어 속에 감추어진 뜻은 일반인들의 상상을 초월한다. 그것은 단순히 남녀의 성평등이 아니라 남자 여자 구별이 없고, 남자와 여자의 개념을 벗어난다.

한마디로 성의 무한적 개념이다. 그것은 제3의 성도 포함되는데, 제3의 성이란? 어떤 성이든 될 수가 있는 것이다. 사람이건 짐승이건 사물이건 간에 모두 제3의 성에 해당한다. 그 법을 먼저 합법화한 국가에서 일어나고 있는 일들을 보면 쉽게 알 수가 있다. 그것은 동물의 성이나 근친상간도 가능하다. 부모, 형제, 자매까지 모든 성은 평등하기 때문이다. 그것이 차별이 없는 세상이란다.

인간의 성이나 동물의 성이나 평등하므로 함께 성관계도 하고 결혼도 할 수가 있으며 기혼자나 미혼자나 자기 행복을 위해 얼마든지 성적 유희를 즐길 수가 있다는 것이다. 우리 같은 사람들은 상상도 못 할 일이다.

"성평등…."

그 속에 감추어진 실체를 아는 이들이 많지 않으니 큰일이다. 이에 관한 좀 더 자세한 내용은 뒤에서 또 다룰 것이다. 이런 현상이 국가나 사회 건강에 이롭겠는가? 기독교 정신이 온전하겠는가? 이런 것들은 성경 중심의 기독교 윤리관을 파괴하는 강력한 사탄의 무기가 된다.

### 동성애는 선천적이다?

이들의 주장은 동성애는 자신의 선택이 아니라, 선천적으로 주어진 것이기에 자신도 벗어날 수가 없다는 주장이다. 자기들의 뜻을 이루고자 별소리를 다 하는 것이다. 즉 타고난(선천적) 소수자라고 강조함으로써 조금이라도 유리한 위치를 차지하려는 것이다.

장애를 타고났다면 누구 탓이겠는가? 사회적 약자이기 때문에 보호하고 도와주어야 한다.

마찬가지로 동성애도 타고난 것이니 비난할 게 아니라 사회적 약자로 취급되어야 한다는 의도의 발언인 것이다. 타고난 질병이 있으면 고치도록 도와주어야 하고 성적 지향이 잘못되었으면 벗어나도록 도와주어야 하는 게 맞다.

그러나 "선천적"이라는 말은 동성애를 옹호 조장하는 자들이 만들어 낸 근거 없는 소리다. 학자들의 연구 결과에 의하면, 지금껏 타고난 동성애 유

전인자는 밝혀진 게 없다. (국민일보 2023. 10. 23)

　오히려 동성애는 정신 질환으로 분류된 적도 있고, 정신과 질환으로 보아야 한다는 학자도 있다. 동성애는 성중독으로 보는 의사도 있다. (염OO 원장 : 레인보우 리턴즈)

　여기서 질문 하나 해보자! 저들의 말대로 동성애가 타고난 것이라면 무엇이든 인정해야 하는가? 도둑질이 선천적으로 타고난 것이라면 인정하고 허용해야 하는가? 여성이 생리 때면 도벽이 생기는 일도 있다. 그러면 도벽 지향으로 살도록 도와주어야 하는가? 어떤 여성은 바람기가 생긴단다. 그러면 타고난 바람기 지향으로 인정해 주어야 하는가?

　잘못된 지향점은 바로잡아 주어야지 합법화시킨다면 다른 분야도 합법화해야 할 당위성을 갖는 것이다. 그 일을 어찌 다 감당하려는가?

　전문가들의 결론은 동성애는 후천적이라는 게 더 지배적이다. 후천적 학습을 통해서 동성애로 빠질 수 있다. 연예인 홍OO 씨도 어려서(12살) 동성애자에게 성추행당하면서 그것을 알게 되었고 고졸 때까지 많은 사람을 거치면서 동성애를 경험했다고 한다. 이 정도 학습이면 빠져나올 수가 없다.

　한국에는 남성 동성애자만 약 60만 명이 있을 것으로 추정된다. 1973년까지만 해도 미국에서는 동성애가 정신과 병 목록에 있어서 치료할 수 있었다. 치료 후 새 삶을 사는 사람들도 있다.

　그러나 그 법을 없애 버렸기 때문에 치료의 대상이 아니라, 하나의 생활양식으로 인정하게 된 것이다. 치료를 받아야 할 사람들인데 이제는 이들을 치료하거나 동성애에서 빠져나오도록 돕는 행위가 범법 행위가 되어 버린 것이다.

동성애를 가능케 하는 이유는 무엇일까?

**첫째, 환경의 영향이다.**

동성애 관련 영상을 자주 접했거나 동성애가 괜찮은 것으로 여겨지는 분위기의 가정에서 자랐다면 동성애자가 될 가능성이 아주 높아지는 것이다. 그런 사회에서 살아가는 사람들은 거부할 수 없는 아주 위험한 상황에 노출된 것이다.

**둘째, 타락한 인간에게 나타나는 죄악 된 양상이다.**

우리에게는 동성 간음이 아주 큰 죄악 중의 하나이다. 이스라엘 백성이 가나안 땅에 입성하기 전에 하나님께서 주신 말씀은 당시 가나안 땅에서 행해지고 있는 동성애나 수간을 금하고 근친상간을 금하라고 하셨다. 이스라엘 백성이 가나안 정착 후 그들과 어울리다 보면 배우게 되기 때문이었다 (레 18:1-30).

> 너는 여자와 동침함같이 남자와 동침하지 말라 이는 가증한 일이니라 너는 짐승과 교합하여 자기를 더럽히지 말며 여자는 짐승 앞에 서서 그것과 교접하지 말라 이는 문란한 일이니라 너희는 이 모든 일로 스스로 더럽히지 말라 내가 너희 앞에서 쫓아내는 족속들이 이 모든 일로 말미암아 더러워졌고 그 땅도 더러워졌으므로 내가 그 악으로 말미암아 벌하고 그 땅도 스스로 그 주민을 토하여 내느니라 (레 18:22-25).

각종 부도덕한 성행위는 선천적이 아니더라도 후천적 환경이나 학습으로 배우게 된다는 것이다.

- 성평등을 조장하는 인권 정책을 반대하는 사람들 -

### 동성애를 반대하는 이유

그런데 왜 유독 동성애를 그렇게 적극적으로 반대하는가? 동성애가 가지고 오는 파괴력이 다른 죄악보다 엄청나게 심하기 때문이다. 살인, 도둑, 미움, 거짓은 동성애에 비교하면 깨알이요, 새 발의 피다!

동성애는 성병 에이즈의 주범이다. 동성애자끼리 전염되는 것은 당연하고 에이즈 환자임을 숨기고 결혼하여 부인까지 에이즈 환자가 되게 하고 그 자식까지 위험하다.

상대를 가리지 않는 성평등은 한 가정을 파괴하고 한 민족 한 나라를 망하게 하는 것이요, 인간을 비인간화하는 죄악이요, 신성 모독 수준까지 올라간다. 이들은 사람이나 짐승의 구별이 없다. 그저 감각적 사랑만 하면 다 사랑이요, 모든 사랑은 평등하다고 우기는 무한한 성 개방주의자들이다.

특히 동성애 합법화는 우리 기독교를 억압하고 차별하는 법이기 때문에 반대하는 것이다. 동성애 지지자들은 우리에게 찬성하라고 강요하고 협박하는 수준이다. 싫어하는 것도 내 권리요 비판하고 토론할 수 있는 권리가 있어야 하는데, 유독 동성애만큼은 그런 틈을 주지 않는다는 것이다. [출처] 유튜브 영상, (안전지대3927) - "내 아이 동성애 교육 거부한 부모 감옥에 가다."

동성애를 지지하는 자들의 권리가 있다면 반대하는 권리도 있어야 하는데 동성애만큼은 입도 벙긋하지 못하게 해 놓았다. [출처] 유튜브 영상, (안전지대 3927) - "동성애가 교회를 파괴한다."

**동성애도 사랑이다**

내가 좋아하면 사랑이란다. "성적 지향"이란 말을 바꾸면, "성적 취향"이다. 문제는 이들의 사랑이란 것이 그 대상이나 방향이 제한이 없다는 것이다. 그런 식이라면 모든 사람의 삶의 지향점을 인정하고 합법화해 주어야 할 것이다. 즉 동성애가 사랑이라면 유아 성욕도 사랑이요, 수간(동물)도 사랑이다. 미친 세상이 아닌가? 마약 중독도 개인의 행복 취향으로 보고 허용해야 할 판이다. 입법부의 일부 국회의원들도 제정신이 아니기는 마찬가지다. 반대하는 국민을 악당, 혐오자로 매도한다. 타인들에게는 이상하게만 보일 뿐인데, 제3 자가 보는 관점까지 정해 놓고 동의를 강요하고 있다. 소돔과 고모라의 성은 비교가 안 될 일을 우리나라에서 보고 있다.

환자가 고통이 심하면 일시적으로 마약 성분이 들어 있는 몰핀(모르핀) 주사를 놓아준다. 고통을 덜어 주고 기분도 전환 해주기 때문이다. 그렇다고 아픈 모든 환자에게 몰핀(모르핀)을 놓으라고 강요하고 법으로 정해 놓으면 그것은 온 국민을 마약 중독자로 만드는 것이다.

언젠가 텔레비전을 보니까 코로 우유를 마시는 사람이 있었다. 특이한 사람이다. 그런데 그런 사람을 위해서 우유를 마실 때 코로 마시는 것을 법제화하고, 말리는 사람을 벌준다면 말이 되는가?

　기형이 되어 버린 인간의 "성적 타락 현상"을 끔찍하게 싫어하는 국민을 향해 그들은 "사랑은 혐오보다 강하다."라고 말한다. 우리는 혐오자라고 하면서 자기들은 끝까지 아름다운 사랑이라고 우긴다. 그것을 사랑이라고 한다면 중혼, 다자혼도 합법화해야 하고 "도둑질, 깡패도 직업이다."라고 말할 수 있어야 한다. 왜, 내 말이 지나친 비약인가? 어찌 너희들의 그 짓만 허락할 일인가?

**동성애 방법을 가르쳐 주는 책이 청소년 권장 도서라니?!**

　전국 도서관에 비치된 성교육 도서가 있다. "일단, 성교육을 합니다"라는 책이다. 문예출판사 (2020년 8월 간).

- 동성애 방법 청소년 권장 도서 -

　스웨덴 작가 "인티 차베즈 페레즈"가 쓴 성교육 책인데, 우리나라에 그대로 옮긴 것이다. 스웨덴에서 최우수 도서상으로 선정되었고, 더 타임즈 추천, 세계 18개 국가에 번역 출판되었다고 한다.

시민들이 이 책에 문제가 심각하다고 항의하니 유해 도서로 분류되었다가 출판사의 재심의 요청으로 간행물윤리위원회에서 지난 2024년 6월 26일 다시 청소년 권장 교육 도서로 선정했다. 전체 맥락을 보면 교육적 가치가 더 크다는 이유란다. 그 내용을 보면 기가 막히다. 이런 내용이 청소년의 교육에 유익하다고 판단한 간행물윤리위원회 회원들의 수준을 알만하다. 글을 그대로 옮기기가 참 민망한 수준이지만, 현실을 그대로 전달하기 위해서라도 그 일부를 옮겨본다.

- 항문삽입 -

"항문도 자극을 받으면 쾌감과 흥분이 일어나는 성감대일 수 있습니다. 항문에 뭔가가 들어오면 괄약근은 대단히 민감하기 때문에 쾌감을 느낄 수 있지요. 특히 남자는 항문을 자극받으면 전립선이 눌리면서 쾌감이 일어납니다. 여성도 항문 섹스를 통해서 요도 측선과 음핵이 압박을 받기 때문에 쾌감을 느낄 수 있습니다(p.231)".

"항문삽입은 하는 쪽이나 받는 쪽이나 항문 자위를 통하여 웬만큼 준비되어 있어야 합니다. … 딜도(자위도구)나 섹스토이가 없다면 당근 따위를 따듯한 물에 담가 체온과 비슷하게 만들어 쓸 수 있습니다(당근을 익히지 마세요). 단단한 상태를 유지해야 하니까. 손에 잡고 다룰 수 있는 적당한 길이의 당근을 선택하세요. 윤활제를 넉넉히 바르세요. 당근에 콘돔을 씌우고 윤활제를 바르세요. 항문 입구를 살짝 누르다가 적당한 때를 보아 조금씩 더 깊이 넣어 봅니다(p.234)".

"동성간의 연애는 모든 시대에서 찾아 볼 수 있는데… 성경에도 다윗과 요나단의 사랑이야기가 나옵니다(p.177, 우정이 아닌 동성애로 해석)."

"막심(여자 역할 남자)은 상대 남자와 호흡이 잘 맞았고 섹스도 정말 좋았죠! 그 남자가 제 항문에다가 자기 성기를 박을 때까지는요(P.236)".

참 실감 나게도 표현을 해 놓았다. 이런 내용이 "소년부터 성년까지 남자가 꼭 알아야 할 성"이라고 표지에 써 놓았다.

이렇게 보면 남성 혹은 어린 청소년들을 게이 또는 동성애자로 유도하고 키워주는 수준이다. 이것이 청소년 교육에 유익하다고?! 말문이 막힐 뿐이다.

우리 아이들이 이런 환경에 노출되고 있는 것이다. 도서관이나 서점에서 이런 책을 쉽게 보게 될 텐데, 우리나라는 아직 동성애가 합법화되지 않았다. 그런데도 이런 정도라면, 저들은 동성애 합법화를 요구할 필요도 없고, 우리는 막을 필요도 없게 된 것 아닌가? 허탈감마저 든다.

"아~ 죽고 죽어 일백 번을 죽어도 깨닫지 못할 백성이여!
그대의 내일은 어디에 버렸는가?"

우리 그리스도인들은 지금 어떤 시대를 살고 있는지 정확히 알 필요가 있다. 분명히 알라! 세상은 우리 그리스도인들을 배려하지 않는다. 우리도 분명히 이 나라 국민인데 아무리 외쳐도 점점 살기 어려운 환경으로 가고 있으니 우리 같은 백성은 어디로 가야 할까? 이렇게라도 싸우지 않으면 살아갈 수 없게 되었다.

**동성애 반대는 인권탄압인가?**

이들은 "동성애 불용은 인권탄압이다."라고 우긴다. 동성애를 합법화하지 않으면 인권 탄압국이 되는 것이다. 인권이란 말은 아무 데나 붙이면 되는 만능열쇠처럼 사용한다. 그렇다면 동성애를 반대하는 사람들을 법으로 제한하는 것도 인권탄압이 아닌가? 왜 찬성만 되고 반대는 안 되느냐 말이다. 인권이 동성애자들에게만 있고 우리에게는 없냐 말이다!

국가적 차원에 에이즈 환자를 철저히 숨겨주는 이유도 인권 보호 차원이란다. 격리도 하지 않고 맘대로 돌아다니게 두면, 그들과 친밀한 접촉을 한 사람들이 에이즈에 걸릴 수도 있는데 국민의 건강을 지켜주어야 할 국가가 도리어 국민의 위생 환경을 악화시키고 있다.

요즘 각 지방의 "학생인권조례"라는 것을 보면 어린 학생들이 차별받지 않을 권리를 주로 강조하면서도 정작 아이들의 보건 위생과 관련된 에이즈 감염 예방에 대한 교육은 없다는 것이다. 동성애나 양성애 같은 생활이 에이즈에 걸릴 확률이 높다는 경고나 예방 교육이 있다면 10대가 에이즈에 걸리는 일은 없을 텐데 말이다.

그런데 조금 다른 길을 간다는 교총 선생님들은 이런 환경에 놓인 제자들을 위해 뭘 하는지 존재감이 아예 없어 보인다. 하기야, 이제는 힘자랑하는 집단이 되었으니, 선생님들에게 숭고하고 헌신적인 모습을 바란다면 욕심이겠지….

## 성 소수자의 범위(성적 지향의 내용들)

이런 일들을 말하려면 상상을 초월해야 하고 차마 입에 올리기가 부끄럽다. 그러나 어찌하랴! 현실이 이러하니 그중의 몇 가지만 말한다.

**동성애다**

동성끼리 성관계를 하는 것인데 우리들 시각에서는 하나님이 가증히 여기시는 동성 간음이다.

> 너희는 내가 너희 앞에서 쫓아내는 족속의 풍속(우상숭배와 동성간음)을 따르지 말라 그들이 이 모든 일을 행하므로 내가 그들을 가증히 여기노라 (레 20:23)

이들은 동성결혼을 합법화하려고 혈안이 되어 있다. 2023년 현재 세계적으로 동성애를 합법화한 국가는, 벨기에, 덴마크, 독일, 핀란드, 프랑스, 노르웨이, 스웨덴, 스페인, 포르투갈, 에스토니아, 슬로베니아 등 대부분이 유럽 국가이다. 그리고 남아프리카 공화국, 룩셈부르크, 아르헨티나, 브라질, 뉴질랜드, 캐나다, 우루과이, 대만, 호주, 미국 등이다.

그러나 세계 200여 개 국가 중에서 30개국 정도 되는 극소수 국가에서만 통과 되었고, 아직 170여 개 국가는 불법이요 동성애를 엄하게 다루고 사형에 처하는 국가도 있다. "국가인권위원회"는 "동성애 추진위원회인가?"라고 의심해야 할 정도로 우려를 금할 수가 없다. 인권, 행복 추구권이라는 핑계로 다 허용해 줄 판이다. 서울시장 박OO 씨가 동성애 단체를 지원했고 그는 외국 언론 인터뷰에서 아시아에서 한국이 최초로 동성애를 합법화되기를 원했는데, 그 일이 어려운 이유는 한국 기독교 세력 때문이라고 불만스레 말하기도 했다.

**동물과 성행위(수간)이다**

독일에서는 이미 1969년에 동물과의 성행위를 합법화했다. 덴마크는 동물 매춘 관광이 성행하기도 했다. 매춘 현장에서 사지를 결박당한 채 오직 인간의 성적 노리개로 고통을 당하다 못해 죽어 나가는 동물들이 많다. 그리도 떠드는 동물 보호론자들은 왜 잠잠한지 모르겠다. 동물의 권리를 위해 싸운다는 단체들, 우리나라도 이제는 보신탕으로 불리는 개고기를 팔지 못하게 되었는데, 인간 쾌락에 미친 자들의 성적 노리개가 되어 가는 동물을 위해서는 왜 싸우지 않는가?

동물 성애자 모임(ZETA)인 이들 부부 모임에 나가면 동물과 함께 나온단다. 애완동물을 성적 파트너로 기르며 사는 것이다. 애완동물과 자신들은 부부라고 생각하는 것이다. 이제 곧 우리나라에서도 애완견을 부인(배우자)으로 혼인 신고하는 때가 오리라! 그런 부부가 우리 교회에 출석한다면? 아~ 더 이상 생각하지 말아야지! 내 머리가 터질 것만 같다.

이런 일이 가능한 것은, 모든 성은 평등하다고 생각하기 때문이다. 사람의 성이나 동물의 성이 평등하니 결합할 수가 있다는 것이다. 이제 왜? 남녀 평등이 아닌 성평등을 외치는지 알겠는가? 이 세상은 점점 동물의 왕국이 되어 가고 있다.

### 시체와 성관계(Necrophilia-네크로필리아)

네크로필리아는 죽은 시체와 함께 살고 있거나 시체 성애자를 말한다. 이미 합법화한 나라도 있다. 이것도 "성적 지향" 중 하나이다. 어떤 여자는 자기 친정아버지가 죽었는데 아버지가 죽어 누워 있는 그(?) 모습을 보다가 성적 충동을 느꼈다는 것이다. 이들의 성적 지향이니 어쩌랴? 공동묘지

시체라도 내 주어야지….

외국의 어떤 이는 매장한 무덤에서 시체를 파내어다가 시체와 성관계를 시도 했단다. 이것도 성(性)적 지향이니 어쩌랴? 무죄!!

그러면 이들의 성적지향에 따라 시체와 성관계를 갖도록 법적으로 허용해야 하는가? 그게 인권 보호인가? 인권이란 말을 그렇게 제한 없이 들이댄다면 인간이야말로 비인간화되는 것이다.

인간이기에 참고 절제하고 지켜야 하는 도리가 있는 것인데 인권이라는 허울로 원하는 것을 다 허용한다면 오히려 인간다움을 파괴하는 것이다. 인간들은 인권 타령하다가 더 큰 죄를 짓고 반드시 망할 것이다.

### 기계 성애자(Mechanophilia-메카노필리아)

자동차, 노트북과도 성행위를 한다고 한다. 어찌하겠는가? 자신의 성적 지향이 그러한 것을…. 파리의 에펠탑에 비벼대며 사랑하는 여성도 보았다. 모든 사물이 다 성적 파트너가 되는 것이다.

그래서 인형을 놓고 결혼하는 사람도 생겼다. 온 세상의 대상을 성적 쾌락의 대상으로 여기는 이들을 누가 말릴까? 어쩌랴! 그것도 성적지향이요 행복 추구권이라는데….

### 근친상간이다

성적지향이 남매로 향하는 것이다. 혹은 자매, 형제끼리…. 부모 하고도 근친상간할 수 있다. 즉 아들과 엄마, 혹은 딸과 아버지…. 이것이 바로 성평등이다. 믿어지지 않을 일이지만 평등법이 통과 된 나라를 보면 절대 과장이 아니다! 어찌하겠는가? 이들의 성적지향이 그렇다는데…. 모든 성관계가 제한이 없어야 진정한 성평등이 이루어진다는 것이다. 이들은 아주 좋겠다. 상대가 누구든 제한이 없으니 말이다.

### 양성애자이다

동성애도 하고 이성애도 한다. 남자이든지 여자이든지 가리지 않고 성관계를 하는 사람이다. 즉 한 여자가 여자하고 결혼한 상태에서 또 한 남자와 결혼 할 수가 있다. 어떤 남자는 여자와 결혼하고도 또 다른 남자하고 외도한다. 양성애 성적지향이니 어쩌랴? 그렇게 살고 싶어서 성평등, 행복 추구권을 부르짖는 건데….

### 중혼도 가능하다

2008년 10월, "아내가 결혼했다"라는 영화가 있었는데 그런 부류의 영화이다. 남편이 있는 아내가 또 다른 남자와 결혼을 생각한다. 이 영화는 다음과 같은 글귀로 시작한다.

"이 지구상에 평생 한 사람만 사랑하며 사는 사람은 10%도 안 된다."

그리고 다음의 대사로 설득한다.

"내가 하늘의 별을 따 달래? 달을 따 달래?"
"나는 그저 남편만 하나 더 갖겠다는 것뿐인데…."
"사랑은 나눌수록 커지는 것이 아닐까?"

나는 그 끝에 이런 대사를 덧붙이고 싶다. "이런 게 진정 사랑일까?" 아니면 "내가 미친 건 아닐까?"

Chapter 02 우리의 유일 신앙을 훼손하는 것들

### 일부다처, 일처다부이다

한 사람이 여러 사람과 결혼하거나, 여러 사람이 한 사람과 결혼 할 수가 있다. 아내를 4명이나 둘 수 있는 이슬람교도처럼 말이다. 그저 쾌락을 위해서는 못 할 게 뭐가 있는가? 짧은 인생 즐기다가 가자고! 아이고~

### 다자 혼(그룹 혼)이다

여러 명이 한꺼번에 결혼하는 형태이다. 이렇게 되면 부부가 10명 되고 20명도 된다. 또 10여 명의 동성끼리 결혼을 하고 남녀 20명이 한 번에 결혼한다. 설마?…. 그런 일이? 동성애는 서막일 뿐이다. 그 뒤에 따라올 일들은 우리 예수님도 기절하실 일들이 기다리고 있다. 기대하시라! 성 개방이란? 제한이 있으면 성 개방이 아니지!…. 무한 쾌락을 향해 고고!

### 트랜스젠더를 포함한다

타고난 자신의 성(性)을 거부하고 다른 성으로 살아가고자 하는 자들이다. 심하면 자신의 성을 제거하고 반대의 성으로 전환 수술을 하고 살아간다. 성기만 바꾼다고 바뀌는 것일까? 쾌락을 위해서는 못 바꿀 게 뭐가 있을까? 자기 성기도 바꾸고, 배우자도 바꾸고, 세상도 바꾸고, 그러다가 인생 말년에 통곡의 후회만 남겠지….

그런데 이젠 우리나라에서도 성전환 수술을 할 필요가 없어졌다. 타고난 성(性)보다는 정신적인 성을 진정한 성으로 바꾸어 주는 판결이 났기 때문이다. (2017년 2월 청주지법 - 연합뉴스, 2021년 10월 수원가정법원)

"정신적 요소가 성 정체성 판단의 근본적 기준이며 생물학적 사회적 요소보다 더 우위에 두어 판단해야 한다."라고 하며, "외부 성기가 성(性) 정체성을 판단하는 필수 요소는 아니라"고 판시했다. (2023년 2월. 서울서부지방법원)

일명 "성(性)적 자기 결정권"을 인정한 것이다.

청주지법 영동지원이 성 확정 수술을 받지 않은 성전환자(트랜스젠더) 여성 A 씨 등 5명에게 가족관계등록부 성별을 남성에서 여성으로 정정하는 것을 허가했다고 8일 밝혔다. 당사자에게 성전환 수술을 강제하는 것은 개인의 성적 자기 결정권 및 신체의 건강 등을 침해하는 것으로 성전환 수술을 성별 정정의 요건으로 보는 것을 위헌으로 판단한 것이다. (세계일보 24년 5월 8일자)

세월 따라 판사 따라 결과도 달라지는 세상이다. 즉 내가 생각하는 성(性)이 곧 나의 성(性)이 된다는 것이다. 그렇다면 정신적으로 자신의 성(性)을 중성이라고 생각하면 중성으로 인정해 주고, 양성이라면 양성으로 인정해 주고, 자신을 개(犬)라고 생각하는 사람은 개로 인정해 주어야 할 판이다. 이제는 판사들이 하나님 역할을 대신하고 있다.

사람들이 생각하는 자아의식을 그대로 인정해 주어야 한다면 정신병원은 조만간 없어질 전망이다. 출산 저하로 산부인과도 없어지고 소아청소년과도 없어진다는데 이제는 정신과도 사라지면? 의사들은 큰일(?)났다.

### 인형과의 결혼생활이다

서양의 다양한 매춘이 이제 한국에서도 성행하고 있다. 사람과 똑 닮은 인형을 방마다 놓고 일 인당 15만 원 정도 주면 인형과 동침하는 것이다. 일명 인형 성 매춘이다. 사람의 소리와 흉내를 내는 이런 인형(Real doll)

을 판매하는 업소가 우리 시골에서도 보인다.

하기야 인형과 정식으로 결혼을 하는 사람도 있는데 무슨 말을 더 하랴! 고장이 나면 배우자를 버린단다. 참 편하고 좋겠다!

### 자기의 성(性)을 수시로 결정할 수 있다

"성적 자기 결정권"은 남자가 되든지 여자가 되든지 그것은 스스로 결정할 일이라는 것이다. 또는 성전환하지 않아도 오늘은 남자로 살고, 내일은 여자로 살고…. 그것은 개인의 행복 추구권이요 인권이니, 참으로 해괴한 세상이 아닌가? 내가 바라는 바는 트렌스젠더, 동성애자들이 깨닫고 그 길에서 돌아서는 것이 저들의 진정한 행복일 텐데 그런 행복한 날이 올까?

### 결국은 다양한 성생활 형태를 만드는 것이다

전통적인 한 남자 한 여자로 가정을 이루는 형태가 사라지고 이상한 가족이 생기는 것이다. 기타 다양한 형태의 가족을 포함하는데 약 40~50여 가지가 된단다. 성평등을 주장하는 자들이 원하는 가족 형태는 정해진 게 없으니 어떤 결혼이든 어떤 형태든지 나올 수가 있겠지…. 다음엔 무엇이 나올까?

### 성평등이란?

남녀의 구별을 없애 버리는 악마의 법이다. 그것은 사회구조를 바꾸고 남자 여자라는 단어를 제거하게 된다. 이들에게는 남자 여자로 구별하는 것 자체가 인간 차별이기 때문이다. 성적 구별을 하지 않으니 남자 석, 여자 석, 전철의 경로석도 없어지겠지…. 남녀 혼탕과 혼용 화장실을 같이 쓰면 된다. 이제는 남자 성기를 단 여자(?)가 여자 목욕탕 안에서 돌아다니더라도, 순수한 여성들이여 놀라지 말고 참아라! 그 사람은 판사가 허락한 특권의 소유자니까 소리치며 나가라고 했다가는 당신은 평등권을 훼손한 대역죄인이 되는 것이다.

- 남녀 공동 화장실 표지 -

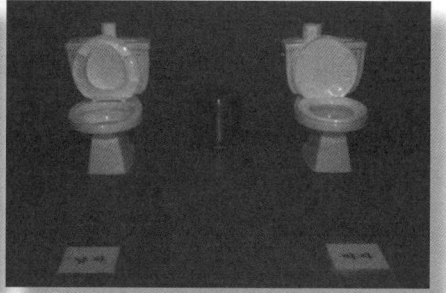

- 가림막도 없는 남녀 공용 좌변기 -

2018년 서울시에서는 남녀 구별이 없는 공중화장실을 만든다고 하더니 진짜 그런 화장실이 나왔다. 이런 정책의 일환인 남녀 공동 화장실의 문제점은 다양하고도 심각하다. 성추행이나 몰카범들이 증가하고, 질색하는 다수의 사람에게 수치감을 주고 오해로 인한 신고가 사건화되기도 한다.

이런 부작용을 생각지도 않는 법 집행자들은 판결(결정)만 하고 그에 따른 부작용은 책임지지 않는다. 나도 판사를 할 걸 그랬나? 뭐 책임을 안 지니 말이다. 자기가 한 일을 두고 책임이 따르지 않는 일이 있을까? 하~! 말하다 보니 판사직보다 더 좋은 꿀 보직이 없네!!!!!!

문제가 되니까 이런 공동 화장실을 남녀로 분리해 주는 지원 정책이 또 시행된단다. 이런 일들을 결정하는 자들의 머리 상태를 분석해 보아야 할 판이다. 이제는 거리에서 벗고 돌아다니는 사람이 있어도 그냥 두어야 한다. 벗는 행복 지향이라면 뭐 어쩔 건데?

- 공동 화장실을 남녀로 분리해 주는 지원 정책 포스터 -

영국에서는 학교 선생님이 여학생한테 "소녀"라고 했다가 징계당했다. "남편"이나 "부인"이란 말도 못 쓰고, 혼인신고 할 때도 "남편 OOO", "부인 OOO"이라고 못 쓴다. "신고인 1", "신고인 2", 혹은 "배우자 1", "배우자 2" 식으로 신고해야 한다.

성평등을 주장하는 자들은 "남성", "여성"이란 개념을 아예 없애 버리는 게 목적이다. 그래야 상대의 성을 가리지 않고 접근을 쉽게 할 수 있으니까 말이다. 함께 미쳐야만 살아갈 수 있는 시대가 도래했다. 건전한 사고를 하는 사람들은 별종으로 취급되거나 아니면 혐오자로 매도 되는 것이다.

## 2024년 파리 올림픽에 나타난 성(性)평등과 혼합주의

2024년 7월 26일 파리 올림픽이 있었다. 자유의 나라 예술의 나라 파리, 누구나 한 번쯤 가보고 싶은 나라 파리. 그런데 개막식에서 보여준 장면들은 엄청 충격적이었다. 지금껏 이런 부류의 개막식이 없었기 때문이다. 이 개막식은 한마디로 성평등의 세상을 꿈꾸는 트랜스젠더(성 전환자), 동성애자들의 퀴어 축제의 장이었다. 아울러 기독교와 예수님을 비하하는 내용이 담긴 장면은 충격과 더불어, 그들의 영적 상태와 도덕성을 그대로 보여주기에 충분했다. 이들의 자유롭고 개방적인 성(性) 의식이 대중매체를 통해 온 세상에 어필되는 것은 심각한 문제가 아닐 수 없다. 이 땅에 그들과는 다른 사람들이 압도적으로 많은데 말이다.

그 옛날 마틴 루터나 존 낙스 같은 종교개혁자들을 배출하고, 세계적인 선교의 발판으로 쓰임 받았던 땅이 어찌 이렇게 변했을까? 교회의 대부흥을 이끌었던 찰스 스펄전 목사님은 이제 없고 빈 성전만이 남아 있으니, 가슴이 찡하게 아프고 울고 싶다.

> 근신하라 깨어라 너희 대적 마귀가 우는 사자 같이 두루 다니며 삼킬 자를 찾나니 너희는 믿음을 굳건하게 하여 그를 대적하라 이는 세상에 있는 너희 형제들도 동일한 고난을 당하는 줄을 앎이라 (벧전 5:8-9).

이 개막식의 주된 주제는 〈자유와 평등〉이었다. 프랑스는 무한한 자유를 갈구하며 기존의 도덕률을 버리고 파괴적인 성 개방의 흐름에 늘 앞장서 있는 나라이다.

**그들은 예수님을 심하게 비하했다**

레오나르도 다빈치의 명작인 최후의 만찬을 모방하면서 동성애자 혹은 트랜스젠더(성 전환자)로 보이는 사람들로 가득 채웠다.

- 최후의 만찬을 패러디한 성전환자들 장면 -

위아래 그림을 비교하면 그들(아래)의 모습이 난잡해 보이고 비정상적임을 알 수가 있다. 그 사람들의 모습을 보면, 수염 난 여자, 앞가슴이 큰 여자, 혹은 남자인지 여자인지 분별이 안 되는 사람도 있다. 이 성화는 단순한 그림으로 취급될 수 없다. 제자들의 발을 씻기시며 섬기는 본을 보이시고, 십자가 고난과 대속의 역사를 앞둔 예수님의 결의를 보여주며, 제자들과의 마지막 만찬을 하며 안타까워하시는 예수님의 고귀한 모습을 담은 것인데, 음탕한 표정의 사람들이 이런 식으로 모독하고 난도질한 것이다. 이들이 기독교를 얼마나 우습게 보았으면 이런 짓을 할까? 그만큼 기독교의 파워가 사라지고 나약해졌음을 의미하는 것이기도 하다.

- 과도한 성 노출 장면 -

그림의 좌측 검은 상의와 팬티를 입은 남자를 보면 성기로 보이는 일부가 노출된 모습도 보인다. 자기들의 성적 세계와 정신세계를 펼쳐 대놓고 기독교를 조롱한 것이다.

아~ 이렇게 조롱을 받아도 어찌할 수 없는 기독교는 앞으로 무엇을 할 수 있을까? 무기력감마저 든다.

가운데 맨 앞 회색으로 온몸을 칠한 남성은 신화에 나오는 제우스의 아들 '디오니소스'의 대역이다. 그는 술, 쾌락의 신으로 상징되는 신화적 인물이다. 쾌락과 사랑에 취한 이들의 정신세계를 그렇게 표현한 것이다. 그만큼 세계에도 저들의 손길이 깊이 들어와 있음을 보여준다. 올림픽 위원들이 사전 답사를 하고 리허설(예행연습)도 점검했을 텐데, 이런 지경이면 이제 올림픽의 정신은 물 건너가고, 특정 세력의 파티장으로 이용될 길을 열어준 것이다.

**성 소수자(트랜스젠더, 동성애)들의 놀이터가 되었다**

중간중간에 보이는 장면은 우리 기독교인들을 자극하고 분노케 하였다. 또 한 장면은 도서관에서 책을 보던 남자와 여자 그리고 중성으로 보이는 사람 셋이 눈짓하다가 어느 방으로 들어간 후 진한 접촉을 하다가 야릇한 표정을 지으며 문을 닫는다. 그 안에서 뭘 할지 뻔한 장면을 연상케 하면서 말이다.

그 많은 주제 중에서 할 것이 그런 것밖에 없었을까? 이것은 분명히 기독교를 겨냥하고 성적 유희를 증폭시킬 목적으로 기획된 장면이다. 성(性) 소수자들은 온통 그런 성적 환각에 빠져 사는가 보다. 이들이 하는 일들을 보면 한결같은 증상을 보이기 때문이다. 부끄러움을 알고 은밀하게 할 일들을 까발리고 대중이 보라고 공개하는 행위와 퀴어 축제는 할 말을 잊게 만든다.

개막식에 초청된 미국의 가수 "레이디 가가"는 대표적인 레즈비언이요, 동성애의 아이콘 같은 여자다. 그녀의 공연은 노골적인 외설적 표현이 많고 신성 모독의 노래도 부른다. 반 기독교 성향이 아주 짙은 가수이다. 그녀는 2011년에 목사가 되겠다고 했는데, 그 이유는 동성애자들의 결혼 주례를 하기 위해서라고 밝혔다. 개막식에 이런 가수를 초청한 이유는 뻔하다. 임팩트(충격) 효과가 크고, 그것은 곧 성적 자유와 구별이 사라진 이상한 평등을 전달하기에 걸맞은 인물이기 때문이다.

이제는 목사라는 성직이 천한 직이 되어 버렸다. 하나님을 모독하는 자들이 목사가 되는 세상이니 말이다. 그런 자를 목사로 만들어 줄 정도로 서양 교회는 동성애를 허용했고 동성애 목사를 배출하고 있다. 한국 교회도 그 뒤를 따르고 있다.

프랑스에는 45,000개의 천주교 성당, 25,000개의 이슬람 사원, 영적으로 같은 두 종교를 합치면 7만 개나 되지만 개신교회는 3,000여 개가 전부다. 이것은 프랑스에서의 기독교가 얼마나 열악한지를 보여주지만, 남은 교회 대부분도 혼합주의에 물들어 있으리라는 것은 확인해 볼 필요도 없다.

프랑스인을 상대로 올림픽 개막식을 설문 조사한 결과 85%가 잘 됐다고 답했고, 못 했다는 답이 5%에 불과했다(오마이뉴스 2024. 7. 30). 프랑스인들의 의식을 그대로 볼 수 있는 결과이다. 이 장면을 보고 누군가 말했다. 프랑스에서는 무엇이든 불가능이 없다고…. 정말 그렇게 보인다.

그 옛날 나폴레옹의 유명한 "내 사전에 불가능은 없다"는 말이 이런 뜻은 아닐 텐데, 사실 프랑스에서는 무엇이든 맘만 먹으면 가능한 사회가 되었다. 그것도 하나님과 멀어지는 쪽으로 말이다. 대통령의 사생활이 문란하거나 추문이 있어도 프랑스에서는 문제가 되지 않는다. 가족끼리의 근친상간도 미성년자만 아니면 문제가 없다. 남매나 형제, 부모 자식 관계라도 성인이면 그만이다. 이런저런 일들 탓에 비난이 쇄도하자, 뒤늦게 파리 올림픽 위원회가 사과의 발언을 했지만, 이미 다 보이고 알려진 후라서, 별 의미 없는 미봉책 사과일 뿐이다.

**그런데 이 평등은 비(非) 평등을 만들고 있다.**

그 대표적인 예로 올림픽에 출전한 '칼리프'라는 선수이다. 여성 권투 종목에 출전하였지만, 이 사람의 실체는 XY 염색체를 가진 남성이다. 하지만 정신적 성(性)은 여성이니 여성 경기에 출전할 자격을 준 것이다. 상대 선수는 XX 염색체를 가진 순수 여성이었다. 1라운드에서 두세 번 펀치를 맞아본 상대 선수는 더 생각할 것 없이 바로 기권하였다. 이유는 펀치를 맞아보니, 이것은 여성에게서 나올 수 없는 너무 강력한 펀치였기 때문이다. 계속했다가는 위험하다고 판단하여 기권한 것이다. 이 경기는 실제로 남자와 여자가 싸웠다고 보아야 한다. 그렇게 정신만 여성인 남자 선수는 연승하여 금메달을 땄단다.

이것이 그들이 말하는 평등이다. 구별이 사라진 평등 세계에서는 모두가 엉망진창이 된다. 평등이 아니라 혼돈이요 불평등이다.

2023년 6월 우리나라 강원 도민 체전에 참석한 성전환자(남성에서 여성으로) 나모 씨는 사이클에 출전하여 우승을 차지했다. 성기 모양만 바꾼다고 뭐가 달라지겠는가? 이것은 평등의 잘못된 적용으로 나타나는 단적인 예이며, 프랑스는 그런 사회가 된 지 오래다. 이런 퍼포먼스나 문화가 그들에게는 당연하고 자연스러운 것이고 이상할 게 없다. 그들은 계속 자기들의 일을 하게 될 것이고 우리는 그 꼴을 계속 보게 될 것이다.

이제, 누가 뭐라 해도 혼돈을 품고 있는 평등권은 자유라는 날개를 달고 힘차게 날며, 그 날개 아래 인간의 모든 의식을 집합시키고, 마치 강력한 토네이도처럼 주변의 모든 것을 빨아들여 하나로 뭉쳐 버리고 있다.

프랑스의 이런 성 개방 풍조가 다른 지역보다 심하고 선도적인 것은 어떤 이유에서일까? 살펴보니, 그럴만한 환경이 일찍이 조성되어 있었다는 것을 발견한다. 프랑스 사람들에게는 '르네 데카르트'(프랑스어: René Descartes. 1596년 3월 31일~1650년 2월 11일)라는 철학적 인물이 있다.

그는 "나는 생각한다. 고로 존재한다." 직역하면 "생각하는 바가 곧 나다."라는 말로 그는 인간론을 펼쳤다. 생각이 없으면 나도 없는 것이다. 그것은 '나의 정신이 곧 진정한 나'라고 하는 강화 된 정신 체계를 만들고, 육체는 정신에 반응하는 기계적 구조에 불과하다는 것이다. 그렇게 정신과 육체를 분리하여 보는 이원론을 주장했다. 지금의 동성애자나 트랜스젠더들의 성 정체성을 갖는 데 있어서, 타고난 성보다 정신적 요소를 절대 우위에 두는 신 인간론의 발판을 만든 것이다.

프랑스의 오늘은 갑자기 생긴 것이 아니다. 이미 400년이 넘는 오랜 세월 속에 그의 가르침은 뿌리를 내리고 있었다. 사유(思惟)하는 것만이 진정한 자신이요 존재가치가 있다는 철학이 지금에 와서야 그 꽃을 피운 것이다. 그것이 인간의 영혼과 정신세계를 얼마나 망쳐 놨는지 결론적으로 보여주고 있다.

우리는 쉽게 말한다. 죄는 미워하되 사람은 미워하지 말라고…. 굉장히 박애주의적이고 고상한 말 같은데 웃기는 어불성설이다. 강도질했을 때, 강도질 죄와 그 사람을 떼어 재판할 수 있는가? 그것이 가능한가? 몸과 정신을 따로 떼어 낼 수가 있는가? 몸이 있어서 그 정신이 있는 것이고 정신과 그 몸은 다른 개체가 아닌 바로 그 사람이다. 아담과 하와가 에덴동산에서 범죄 하였을 때, 그들의 죄와 그 사람들을 따로 떼어 벌하셨는가? 죄만 추방하고 인간은 남겨두셨는가? 성경에서 답을 찾아보자.

> 그러므로 한 사람으로 말미암아 죄가 세상에 들어오고 죄로 말미암아 사망이 들어왔나니 이와 같이 모든 사람이 죄를 지었으므로 사망이 모든 사람에게 이르렀느니라 (롬 5:12).

하나님은 인간을 죄인으로 단정하신다. 죄와 인간은 따로 분리할 수 없는 하나다. 정신과 육체는 둘이 아니라 하나이다. 인간은 영, 혼, 육체가 동시에 존재하며 그것은 곧 나 자신이다. 그런데 데카르트는 정신을 절대 우위에 둠으로써 육체와 정신을 완전히 분리해 버렸다. 이것은 타고난 성보다 정신적 성을 따르는 동성애자들의 정신세계를 더욱 강화하고 말았다. 그것은 데카르트가 의도하지 않은 일이라 해도, 지금 유럽은 육체가 무시된, 정신(생각)이 곧 진정한 나라는 가르침을 충실히 따르고 있다.

더 나가서, 그의 '생각하는 존재론'은 네가 하고 싶고 원하는 것이 곧 너요, 너를 행복하게 하는 것이라는 교육 효과를 보고 있다. 육체는 정신의 만족을 위해 존재하는 소모품이나 부속품처럼 여겨지고, 그에 따른 다양한 성적 지향이 나온 것이다. 이것은 곧장 신을 부정할 수밖에 없는 유물론과 친해지고 평등론(차별 금지)이 가세하여 혼합주의라는 거대한 돌덩어리가 되어 세상의 이곳저곳을 굴러다니며 파괴하고 있다. 그래서 세상과 나를 보는 관점이 이렇게 중요한 것이다.

오염된 사랑, 자유, 평등이 만들어 낸 혼합주의 철학이 환영받으면서, 유럽을 지탱해 온 기독교 정신과 도덕성은 떨어지고, 우리의 유일 신앙도 급격히 무너지게 된 것이다. 그 결과 파리 올림픽 개막식 같은 모욕적인 장면이 만들어진 것이다.

이미 영국이나 유럽에서는 교회에서 받은 세례를 번복하는 탈 세례 의식이 진행되었다. 불신자가 되면 다니던 교회를 불출석 하는 것으로 끝나는 게 아니라, 목사를 통해 받은 세례를 취소 또는 무효화 하는 의식을 거행하는 자발적 조직이 생긴 것이다. 모든 종교는 평등하다는 평등론이 이룬 업적이다.

그렇게 무너진 유럽의 교회들은 텅텅 비어 술집으로, 이슬람 사원으로 바뀌어 갔다. 한때 영국은 기독교인이 98%였으나 지금은 주일에 교회 가는 사람들이 적고 교회가 없는 마을이 많아서, 특히 노인들은 예배할 교회를 찾아가는 일이 쉽지 않은 현실이다.

이것은 타고난 육체보다는 '내가 생각하는 것이 곧 나다'라는 정신적 요인을 더 중히 보는 철학적 관점이 성(性)적 자기 결정권을 구축하는 근간이 되어버렸다. 이제 신이란, 인간 생활의 방해꾼에 불과하다. 이런 현상은 주님이 오실 때가 얼마 남지 않았다는 신호이기도 하다. 이런 현상을 가져온 원동력은 바로 빗나간 자유와 평등이다. 그래서 천주교에서는 짐승에게도 세례를 주고 축사한다. 인간과 평등하기 때문이다. 평등론 깃발 아래서는 안될 것이 없고 못 할 일도 없는 것이다.

이제 남은 교회들의 선택지는 정해졌다. 혼합주의를 수용하고 함께 어울리던가, 아니면 유일 신앙을 지키며 주님과 함께 세상의 큰 파도를 넘어가야 할 것이다.

# Chapter 03
# 동성애(성평등)의 문제점들

동성애자들이 가져오는 문제점들은 한둘이 아니다. 그들의 개인적인 문제가 아니라, 사회문제요, 국가적 문제요, 보건 위생 문제요, 윤리적 문제요, 가정과 결혼관의 문제요, 후손들의 문제요, 우리 기독교 신앙의 문제다. (☞ 관련 서적 : 김지연 저, "덮으려는 자 펼치려는 자"를 강력히 추천한다.)

### 동성애는 에이즈 전염의 주범이다

동성애를 통한 에이즈 확산은 전 세계적으로 비상인데 한국은 왼쪽 의원들을 중심으로 동성애 입법 활동을 하고 있다. 그래서 우리 목사들은 긴장하며 정치권의 움직임을 예의주시하는 것이다.

성 문란으로 전염되는 에이즈는 지금 많은 사람을 불행하게 하고 있다. 부부가 전염되고, 에이즈에 오염된 수혈로 전염되고, 부모가 에이즈 환자일 경우에 태아가 전염되고, 불특정 다수가 그 위험에 노출되어 있다. 그런데도 이 사실을 언론에는 보도하지 못하게 되어 있다. "인권 보도 준칙"에 그런 규칙을 만들어 넣어서, 동성애와 에이즈가 관련이 있다는 기사를 쓸 수 없게 하였다. 하여간 "인권"이라는 단어는 만능이다. 아무 데나 붙이면 무사통과다. 언제부터인가 언론 보도에는 에이즈, 동성애라는 단어가 아예 사라졌다. 국민의 알 권리를 제한함으로써 국민 보건 위생 환경을 악화시킨 것이다. 자기 스스로 자처한 성생활로 인해 걸린 병인데, 국가를 위해 헌신한 보훈대상자보다 대우가 엄청나게 좋다. 지금도 심각한데, 합법화가 된다면 대한민국은 에이즈 천국이 될 판이다.

이들의 신분은 철저히 보호되고 있어서, 사실은 정확한 숫자는 모른다. 11년 전 밝혀진 숫자만 약 1만 명이라고 하지만, 질병관리 본부에서는 약 4만 명으로 보고 있다. 수십만이 될 수도….

이들이 가져오는 사회적, 국가적 파장은 어마어마할 텐데 보도하지 못한다. 동성애 옹호 조장하는 자들이 만든 "인권 보도 준칙"으로 입을 막아 버렸기 때문이다. 그런데도 이를 따지는 백성이 없다.

## 국가 재정의 낭비

2013년도 에이즈 환자 10,000명이 넘어서면서 우리나라는 에이즈 확산 위험 국가로 지정이 되었다. [출처] http://mijutimes.com/18397

**2019년 기준, 에이즈 환자의 수는 다음과 같다.**
* 전 세계 HIV (인체 면역결핍 바이러스)감염인 및 에이즈 환자 수 :
  3,800만 명 성인 3,620만 명, 0~14세 어린이 180만 명이다.
* 국내 HIV 감염인 및 에이즈 환자 수 : 13,857명 남성은 93.3%, 여성은 6.7%이다.
* 2019년 새로 감염된 국내 HIV 감염인 및 에이즈 환자 수 : 1,222명이다.

국내 HIV 감염인 및 에이즈 환자 수는 해마다 약 1,200명 이상 증가하고 있다고 봐야 한다. 이들의 의료비 지출은 30대 에이즈 환자 1인 기준으로 진료비는 6억 5,000만 원으로 추산되며 국민 전체 진료 비용의 8%나 차지한다. 이들의 치료비는 전액 국가 부담이다. 간병비만 월 180만 원, 한 달에 고가의 알약이 수백만 원, 기타 비용까지 하면 일 년에 일 인당 최소 1억 원 정도의 돈을 쏟아붓고 있다. [출처] 김지연 저, "덮으려는 자 펼치려는 자 (p. 482)"

2014년도엔 에이즈 환자들로 인한 사회적 비용이 4조 원을 돌파했다고 한다. 지금은 더 많아졌을 것이고 앞으로 이 비용은 심각하게 늘어날 것이 뻔하다. 에이즈 환자 1인당 평생 의료비 지출은 약 수억 원을 넘는다. 약값 치료비뿐 아니라 노후 보장까지 모두 국가에서 100% 지원하고 있다. 국민이 모르는 사이 누가 이런 법을 만들었을까? 기가 막히다.

이미 우리 사회는 에이즈 천국이 되어가고 있다. 이에 따라 의료지원을 받지 못하는 환자가 생길 것이다.

### 자신의 성 정체성 파괴

어른들도 문제이지만 자라나는 어린아이들은 더욱 문제가 된다. 남자와 여자의 차이점이나 구별의 개념이 사라지게 되면서 성적 정체성이란 것이 아예 없어지면서 동성애에 더욱 자연스럽게 접근하게 만든다.

카멜레온처럼 수시로 변하는 제3의 성적 존재가 되는 것이다. 이런 삶을 살고 싶어서, 그리도 성평등을 요구하는 그들의 인생 말년을 생각하면 불쌍하기도 하고…. 가슴이 찡하게 아려온다.

### 기존 가정의 파괴

일남일녀의 전통적 가정을 해체하고 새로운 생활 양태를 만들어 내는 것이다. 성 개방을 부르짖는 자들의 뜻대로 둔다면 별의별 혼인 형태가 생겨날 것이다. 즉 남남혼(男男婚) 가정, 여여혼(女女婚), 다자혼(多者婚), 복수 결혼, 짐승과 인간 결혼, 형제, 남매혼 가정, 모친과 아들 결혼, 아비와 딸의 혼인 등….

절대 과장이 아니다. 평등법이 통과된 나라에서 진행되고 있는 일들이다. 어머니와 아들이 결혼하여 자녀 4명을 둔 소설도 있다. 그런데 그 소설 같은 일이 현재 법으로 보장되고 있다.

우리도 성평등을 헌법으로 보장한다면 그렇게 될 가능성이 아주 높다. 그러니까 성평등이라는 말 속에는 차별뿐 아니라 성도덕을 아예 제거하는 악마적 계산이 들어 있는 것이다.

애완동물과 결혼하는 일은 이제 공개적으로 진행되고 있으니, 사람인지 짐승인지 모를 지경이다. 이젠 수간도 합법화하여 짐승과 사람의 혼합체인 제3의 생명체가 나올 판이다.

**아~ 그대는 사람으로 태어난 것이 그리도 싫은가?**
**아~ 소돔과 고모라도 이 정도는 아니었을 것이다.**
**아~ 어디까지 가려는가? 버려진 인생들이여!**
**아~ 불쌍하구나! 내일이 없는 하루살이들이여!**

### 도덕성의 파괴와 성(性) 관련 범죄가 심화할 것이다

우리나라도 간통죄가 사라졌으니, 남녀의 외도는 자유롭게 되었고, 그런 유혹에 늘 노출되어 살고 있다. 동성애, 근친혼과 수간까지…. 제한이 없는 성적 유희를 즐길 수 있으니까, 기존의 도덕관념은 물 건너가는 것이다.

인간들의 말에 변태라는 말이 왜 생겼을까? 사전적 의미를 보면 변태(變態)는 말 그대로 상태가 변화한다는 의미다. 원래 이 단어는 '이상 성욕자(Fetishism)'와는 별 관계가 없는 단어였으며 '탈바꿈'이라는 뜻이었다.

그렇다면 모든 분야에 변태가 있을 것이다. 언어에서, 문학에서, 예술에서, 정치권에서도, 의상이나 스포츠 경기에서까지 변태의 현상들은 있을 수 있다. 그중 성(性)적 분야도 역시 변태적 행위가 가능하다.

저들은 그 모든 행위가 사랑이라고 우기지만 우리에게는 아니다. 그들이 사랑이라고 말한다면 우리는 아니라고 말할 수 있어야 한다. 그렇게 못 하게 한다면 그것은 또 다른 인권 침해요 반대하는 다수를 역차별하는 것이다. 그들이 그런 일에 자유롭다면 우리도 반대하는 일에 자유로워야 정상이다. 그런데 현실은 그렇지 않다. 반대하는 우리를 혐오자요 가해자로 몰아가고 있다.

### 구별과 차별을 구분하지 못하게 한다

모두 차별로 몰아서 구별 못 하게 하는 것이다.

여러분은 다음과 같은 내용에 대해 어떻게 생각하는가?

"이 자리에 〈남자〉와 〈여자〉가 있다."
이 발언이 차별인가 구별인가?
구별이다.

〈남자 화장실〉, 〈여자 화장실〉
이것이 차별인가?
아니다. 구별일 뿐이다.

〈남학생〉, 〈여학생〉, 차별인가?
아니다. 구별일 뿐이다.

〈난 남자〉, 〈넌 여자〉라고 하는 것은 차별이 아니라 구별이다.

〈어린이〉와 〈어른〉이라고 하는 것은 차별이 아니라 구별이다.

〈짐승〉과 〈사람〉이라고 하는 것이 차별인가?
차별이 아니라 구별이다.

〈엄마〉와 〈아빠〉라고 하는 것이 차별인가?
아니다. 구별이다.

그런데 평등법의 세계는 그 구별을 차별로 보고 구별 없는 평등의 세계를 만들자는 것이다.

### 자손을 변칙적으로 태어나게 할 것이다

동성애자들은 정상적으로 자식을 가질 수가 없다. 그러니 무슨 수를 써서라도 자식을 가지려 할 텐데 거기에 따른 합법적 요구도 강력하게 일어날 것이다.

### 대리모의 합법화다

돈 받고 아이를 대신 낳아 주는 직업이 생길 것이다. 그러면 그런 일을 주선하는 업체가 생기고 아이를 생산하는 생산 업체가 생기는 것이다. 벌써 그런 일들은 진행되고 있다.

### 입양의 허용이다

동성애자가 입양하여 기르게 되면 그 속에서 자라는 애들은 자기의 성 정체성을 제대로 확립할 수가 없고, 똑같은 동성애자로 자라게 될 가능성이 아주 높다. 즉 동성애자들과 같이 생활하는 아이들은 그런 생활을 자연스럽게 받아들이게 될 것이고 집에서부터 동성애를 교육받게 되는 것이다. 그런 사회 속에서 내 자손들이 살아야 한다는 것을 생각만 해도 기가 막히고 정신이 혼미해진다.

### 기타 일어날 수 있는 부작용은 많다

촌수가 엉망인 가정이 생긴다. 외국의 어느 동성애자 아들은 어머니 자궁을 빌려 자식을 낳았다. 즉 아들의 자식을 어머니가 대신 낳아 준 것이다. 어머니의 자식이면서 아들의 자식이 되니까 손자이면서 동시에 아들이 되니 뭐라고 불러야 하나? 또는 정자나 난자를 사서 수정하여 대리모가 낳아 준다면?…. 또 그렇게 내 자궁에 착상하여 낳으면?…. 부모 자식, 형제 관계가 엉망이 된다.

 한국에서 활동하고 있는 일본인 사00라는 연예인은 미혼이면서 정자를 구입, 인공수정으로 아기를 낳아 기르고 있다. 아울러 난자, 정자은행의 장사가 쏠쏠해질 것이다. 이렇게 동성애의 파장은 대리모, 정자(난자) 매매 시장을 형성하게 하고, 아기를 상품화하여 사고파는 시대를 만들게 되는 것이다.

 그리고 국어사전에도 없는 집단가정, "다처다부(多妻多夫)"의 경우는 누구의 자식인지 모른다. 첫째 남편인지 셋째 남편의 자식인지?….

 이렇게 동성애 합법화는 더 다양한 성적 지향의 합법화를 만들어 주는 지옥문이 될 것이다. 성평등 정책은 인간을 평등하게 만드는 게 아니라 인간다움의 파괴요 인간의 비인간화이다. 기독교가 이런 환경과 싸우지 않는다면 교회의 존재 가치가 있을까?

# Chapter 04
# 평등법이 통과되면?

**공교육에서 반드시 가르쳐야 한다**

이들이 만들어 낸 신조어가 많은데 동성애 대신 쓰는 말들은 다음과 같다.

* 성 소수자

* 성(性)적 지향

* 성(性)평등

* 성적 자기 결정권

* 행복 추구권 등….

이런 단어가 가지고 있는 말들은, 실로 엄청난 후폭풍을 가지고 있지만 대다수가 그 심각성을 모른다. 미국에서 차별금지법이 통과 된 이후 학교에서 가르치게 되면서 동성애자, 트랜스젠더(성전환자)가 25배나 늘었다고 한다. 엄청난 증가 속도다. 공교육으로 동성애자를 양성화시키게 된 것이다.

때가 이르리니 사람이 바른 교훈을 받지 아니하며 귀가 가려워서 자기의 사욕을 따를 스승을 많이 두고 또 그 귀를 진리에서 돌이켜 허탄한 이야기를 따르리라 (딤후 4:3-4).

다음 사진은 우리 교육 현장의 실례를 보여준다.

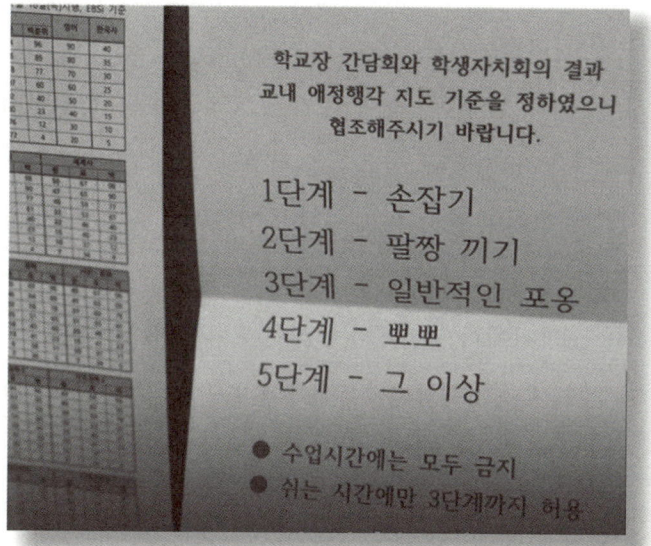

- 학교장과 학생 자치회가 의논해 결정된 애정 행각의 허용범위 -

이 사진은 어느 중고등학교로 보이는 학급 게시판에 붙여 놓은 안내문이다. 학교장과 학생자치회가 의논해 결정된 애정 행각의 허용범위이다.
교내에서 손잡기, 팔짱 끼기, 포옹까지 가능하고, 뽀뽀와 그 이상은 밖에서 해도 상관하지 않겠다는 말이 아닌가? 남녀공학, 또는 남학교 여학교에서 포옹까지 허용한다면…? 중고등학교도 동성애나 이성애가 그만큼 자유롭게 된 것이다. 이것만 보고 더 이상 뭐라고 말하기가 애매하지만, 앞으로 이런 수위는 더 심해질 것이라는 예측은 어렵지 않다.
무엇보다 에이즈 감염의 주원인은 동성애가 93%나 차지한다. 그런데도 말하지 않는다. 아니 말하지 못하게 한다. 다른 나라에서는 에이즈 환자가 줄어들고 있는데 우리나라는 에이즈 환자가 계속 증가하고 있다. 왜일까? 동성애를 부추기고 에이즈에 걸린 사람들의 신변이나 그 사실을 비밀에 부치고 모든 치료비를 무상으로 제공하고 있기 때문이다.

다시 한번 상기하자.

* 미국에서는 유치원에 다니는 아이가 동성애 배우는 것을 반대한 부모를 교도소에 보내 버렸다. 공교육을 거부한 죄 때문이다.
* 국제 사회에서 이미 한국은 2013년 에이즈 확산 위험 국가로 분류되어 에이즈를 확산시키는 위험한 나라로 점찍었다.
* 우리나라 교과서에서 동성애가 에이즈를 유발한다는 문구가 빠진 게 1999년 12월에 결정되었다. "동성애자 인권연대"가 1996년부터 강력히 요구한 지 3년 만에 이루어진 것이다.
* 2004년엔 동성애 편향 매체들이 유해매체가 아니라고 결정되면서 동성애를 미화시키는 드라마, 영화도 나오고 있다.
* 2009년 "인권 보도 준칙"은 기자협회와 국가인권위의 작품인데 동성애자와 특정 질환(AIDS)을 연계해서 보도하지 못하게 하는 것이다.

그래서 동성애가 에이즈를 전염시킨다고 말하면 이 준칙에 어긋나게 되어 범법자로 만드는 것이다. 국가인권위를 동성애 인권위로 바꾸어야 할 판이다.

### 인권 보도 준칙의 편향성

언론의 편향성은 인권 보도 준칙에서도 국민의 알 권리와 자유를 제한하

고 있다. [출처] https://blog.naver.com/pshskr/222170601524

특히 인권 보도 준칙 8장 성 소수자 인권이라는 미명하(美名下)에 기자들에게 적용되는 규칙이 있는데 다음과 같다.

**〈인권 보도 준칙 제8장 성 소수자 인권〉**
① 언론은 성 소수자에 대한 호기심이나 배척의 시선으로 접근하지 않는다.
   가. 성 소수자를 비하하는 표현이나 진실을 왜곡하는 잘못된 개념의 용어 사용에 주의한다.
   나. 성 소수자가 잘못되고 타락한 것이라는 뉘앙스를 담지 않는다.
   다. 필요하지 않을 때 성적 지향이나 성 정체성을 밝히지 않는다.
   라. 성 소수자에 대해 혐오에 가까운 표현을 사용하지 않는다.
② 언론은 성 소수자를 특정 질환이나 사회병리 현상과 연결 짓지 않는다.
   가. 성 소수자의 성 정체성을 정신 질환이나 치료할 수 있는 질병으로 묘사하는 표현에 주의한다.
   나. 에이즈 등 특정 질환이나 성매매 마약 등 사회병리 현상과 연결짓지 않는다. [출처] 한국기자협회, https://www.journalist.or.kr/news/section4.html?

한마디로 성 소수자와 관련된 어떠한 사례도 부정적인 시선에서 보도 되어서는 안 되는 규칙이다. 이렇게 "인권 보도 준칙"을 통해서 언론의 자유가 통제되고, 국민은 알 권리를 잃었다. 호기심 많은 청소년들이 동성애를 시도해 볼 수 있는데, 언론이 미리 경고하고 알려주면 불행을 막을 수 있지 않은가?

이제는 "생활 동반자 보호법"이 만들어지고 있는 실정이다. 혼인 관계가 아니더라도 동거하며 생활을 함께하고 있으면 가족(부부)으로 인정하여, 법적 보장과 혜택을 입게 하자는 것이다. 이것은 동성애자를 염두한 법이다.

우려하며 이 글을 쓰는 동안 대법원판결이 났다. (2024.7.18.일자) 동성애자들의 동거생활도 사실혼 부부요 가정으로 보고, 동거인에게 피부양자 자격을 부여해 국민 보험이나 각종 혜택을 주게 된 것이다. 국회 통과도 없이, 헌법 36조의 남자와 여자가 혼인하여 가정을 이룬다는 헌법 조항이 그대로 있는데도 불구하고 사법부에서 초법적 판결을 내린 것이다. 법원은 동성애자라는 이유로 인정받지 못하는 것은 인간의 존엄과 가치, 행복 추구권 그리고 평등권에 위배된다는 이유를 댔다. 아~ 이렇게 우리는 또 한 번의 엄청난 강편치를 맞은 것이다.

이제 군이 복잡하고 돈 많이 드는 결혼식이나, 혼인신고를 하지 않아도 되는 시대가 도래했다. 앞으로, 동성애자들뿐 아니라 이성애자들도 동거생활 현상이 늘어나고, 그에 따라 쉽게 이별하는 커플도 늘어날 것이 뻔하다.

공권력의 힘이 이렇게 무서운 것이다. 법이 만들어지고 실행되면 모든 국민은 그 법을 기준으로 살게 되기에, 우리 기독교의 가치나 기존의 도덕성은 더욱 심하게 묵살될 것이다.

그래서 우리는 입법부, 사법부, 행정부에서 일하는 자들의 행태를 유심히 살펴야 한다. 특히 정치꾼들이 모여 법을 만드는 국회는 더 눈여겨보아야 할 것이다.

이렇게 보면 우리나라는 이미 동성애를 포함한 성 소수자들이 안심하고 살만한 환경이 조성된 것이다. 한 가지 국회의 통과만 남기고 있는데 그것도 허울뿐, 필요한 환경 조성은 다 되어 버렸다. 이것은 성 소수자들을 보호한다면서, 국민 정서를 무시하고 다수를 위험에 빠트리는 역차별이다. 국민의 보건 위생 환경을 안전하게 관리해야 할 당국이 오히려 질병을 확산하는 꼴이다.

그것이 인권 보호인가? 그 소수로 인해 반대하는 다수 국민의 인권을 짓밟고, 위생 환경을 악화시키는 것이 인권 보호인가? 반대하는 우리의 권리는 어디 있는가?

이 정책은 한쪽으로 심하게 편향되어, 그들이 자주 써먹는 평등권에도 어긋난다. 그 부작용은 전혀 생각하지 않고, 다수의 국민을 피할 수 없는 궁지로 몰아넣는 악법이요, 위헌의 소지가 아주 크다. 소수의 권리가 그리도 중하다면 국민 절대다수의 권리는 얼마나 더 중할까? 이들이 하는 짓을 보면 앞뒤가 안 맞고 엉성하기가 짝이 없는데, 같은 일들이 계속되는 것을 보면 신기할 정도이다.

## 반대나 싫다는 표현을 못 한다

표현의 자유가 사라진다. 국민에게는 기본적으로 주어진 권리가 있는데 동성애 관련만큼은 반대나 비판의 소리를 못 하게 된다. 우리에게는 자유가 헌법으로 보장되어 있다. 언론의 자유, 출판의 자유, 집회의 자유, 결사의 자유, 신앙의 자유, 양심의 자유, 주거의 자유, 여행의 자유 등이다.

그런데 동성애와 관련된 것들은 싫어할 권리가 아예 없어지는 미친 법이다. 종교적 신념에서 나오는 양심의 자유는 인정해 줄 만도 한데 아예 없다.

오직 찬성하거나 아니면 침묵해야지, 싫다는 표현이나 거부할 자유를 박탈하는 악법이다. 우리의 아들딸 자손들이 강요 된 환경 속에서 이런 내용을 배우고 살아야 하는데 우리의 입은 점점 봉해지고 있다.

## 가장 큰 수혜자는 공산주의자들이다

평등법은 불량한 사상의 오염을 막지 못한다. 그래서 평등법의 가장 큰 수혜자는 공산당이요 북한이요, 공산당이 점령하기 쉬워진다. 평등법이란 공산주의를 비난하거나 싫다고 말할 수 없는 것을 의미한다. 다시 말한다. 평등법은 사상의 평등을 보장함으로 공산주의, 주사파, 김일성 찬양을 해도 막을 길이 없다. 그래서 종북 주사파 세력들이 기를 쓰고 이 법을 통과시키려는 것이다.

이들은 이념전쟁은 이제 끝났으니 이념 논쟁은 하지 말자는 분위기를 만들어 버렸다. 북한의 대남 전략의 일부이다. 평등법의 통과는 국가보안법을 더욱 무력화시킬 것이다.

개인적으로는 다양한 사상을 가지고 있을 수 있겠으나, 그것이 밖으로 표출되어 학교 교육이나 많은 대중에게 악영향을 주고 국가 정책에 제한 없이 반영되는 것은 막아야 하는데, 평등법이 나라의 공산화를 보장해 주는 꼴이다.

그 과정에는 반대하는 수많은 사람의 희생이 따를 것이다. 북한의 김일성이나 중국의 모택동, 소련의 스탈린 한 사람이 공산 사상으로 수천만 명의 자국민을 죽이는 지옥으로 만들지 않았는가?

종북 주사파 노선을 따르는 자들은, 보수 국민을 차별하고 친북, 친공적

행보를 보이지 않는가? 모(某) 대통령은 재임 시절, 김일성의 지령을 받아 간첩 짓을 한 신영복이라는 자를 존경한다고 온 국민을 상대로 당당히 말하는 지경에 이르렀다(2018년 평창 올림픽 개회사). 그뿐인가? 김일성을 도와 6.25를 일으킨 김원봉을 국가 유공자로 대우 해주자고 외친 자들이다.

결국 공산, 사회주의자들이 많아지고 이 나라를 공산화한다 해도 평등법 때문에 반대나 비판하지 못하니 북한의 적화에 큰 도움이 되는 악법 중의 악법이다. 평등법의 가장 큰 수혜자는 공산주의(북한)자들이 될 것은 자명하다.

### 교회 안에 불량한 자들의 유입을 가속할 것이다

신학교나 교회 직원을 고용할 때 공산주의자나 동성애자라고 하여 거절할 수가 없다. 거절하면 평등법에 걸리고 억지로 고용한다면 교회 안에서 생기는 부작용은 매우 클 것이다. 기독교 방송 매체나 언론 신학교도 역시 같은 상황에서 반 기독교 성향의 사람들도 고용해야 하고 그들이 만드는 방송이나 신문 기사는 반성경적으로 흐르게 될 것이다. 이미 그런 현상은 지금 일어나고 있다.

\* 미국에서는 교회에서 전도사를 구하는데 동성애자라고 해서 채용하지 않았더니 차별금지법에 저촉되어 목사가 고발되었다. 벌금도 엄청나다. 우리 교회에 이런 동성애 전도사 혹은 성 개방주의자를 고용해야 할까?

* 한때 성도들의 헌금으로 운영된 일부 기독교 방송국은 이미 좌파 직원들이 가득하고 이 법안을 지지하는 방송을 내고 있다.

* 서울 모(某) 대학교 손OO 교수가 예수님을 부처의 가르침을 수행하신 보살로 묘사하고도 계속 교수로 재임하고 있다. 이런 자를 징계하고자 하면 정부에서 규제하고 보호한다. 평등권이 있기 때문이다.

* 2019년 퀴어 축제에 맞추어 감리교 이OO 목사가 길거리에서 동성애자들을 축복하는 의식을 가져 감리교 재판부에 회부되었으나 2년 정직으로 끝났다. 법에는 출교 또는 면직에 해당하지만, 법대로 판결하지 않았으며, 그 피고는 반성도 하지 않고 오히려 재판부의 결정을 교단의 수치로 규정하고 계속 동성애자들을 지지하는 일을 하겠다고 밝혔다. 2023년 12월 8일에 출교 결정이 났지만, 면직으로 끝나지 않은 게 이상하다. 그게 끝일까? 아니다. 그 목사는 사회법 소송으로 자신의 권리를 지키고 승소할 것이다. 사회법은 종교법을 무력화하는 평등권을 적용할 것이기 때문이다.

악이 성하여도 너무 크게 성하고 있다. 쓰나미처럼 밀려와 막을 수가 없을 정도이다. 우리는 지금 공권력을 실감하고 있다.

### 가장 큰 피해자는 기독교이다

평등법의 가장 큰 수혜자가 공산주의자들이라면, 가장 큰 피해자는 개신교(천주교는 제외된 기독교)가 될 것이다. 우리 기독교는 가장 크게 역차별 당하게 될 것이다. 그들의 사상과 정 반대가 되고 가장 앞에 서서 부딪히게 된다. 그러면 성경은 불법 책이 되고, 개신교는 불법 집단이 되고 교회는 폐쇄되는 것이다. 그래서 우리는 그 평등법을 "교회 폐쇄법"이라고 부르는 것이다.

2018년도 캐나다의 "윌리엄 와콧"이라는 사람이 동성애는 불의한 것이라는 아래의 성구가 적힌 유인물을 배포했다고 하여 인권위원회에서 고발하였다.

> 불의한 자가 하나님의 나라를 유업으로 받지 못할 줄을 알지 못하느냐 미혹을 받지 말라 음행하는 자나 우상 숭배하는 자나 간음하는 자나 탐색하는 자나 남색하는 자나… (고전 6:9-10).

이 구절로 인해 동성애 옹호자이며 변호사인 "더글라스 엘리엇"는 윌리엄 와콧에게 1,100억 손해 배상 청구 소송을 냈다. 재판 과정에서 증오 범죄로 판결이 났고 1,800만 원의 배상과 소송에 들어간 비용 수억 원을 물어야 한다고 판결했다. 이렇게 평등법은 건전한 생활을 지키려는 우리에게 살벌한 대가를 요구하게 된단 말이다.

\* 캐나다 브리티시 컬럼비아주 "트리니티웨스턴대학교(기독교 사립대)"에는 남녀는 혼외 성관계를 금지한다는 규율이 있다. 단과대 로스쿨을 설립하려고 신청서를 제출했는데, 당국은 교내의 혼외 성관계 금지라는 방침을 버려야 로스쿨 설립을 허락할 거라고 하였다(기독교 정신을

계승하지 못하도록 법이 강화됨).

* 또한 캐나다에서는 12살 이하는 남자가 여자가 되거나, 여자가 남자로 되려면 간호사나 사회복지사가 허락하면 된다. 18살 이상은 그 기준이나 절차도 아예 없다. 내 맘대로 여자가 될 수도 있고 남자가 될 수도 있다. 성전환 수술을 할 필요도 없다. 몸은 남자인데 정신이 여자이면 여자로 인정해 주어야 한다.

우리 일반인들 입장에서는 이런 참담한 일이 없다. 이제는 사람이기를 포기한 신종 인간의 등장이다. 이것은 분명히 이전에 볼 수 없었던 새로운 종의 기원이라 해야 할 판이다.

분명히 이 법은 우리 기독교를 말살하는 아주 큰 힘을 발휘하게 될 것이다. 기독교인이 주로 공격당할 것이고, 우리의 신앙 양심을 지키기 위한 노력이 저들의 복수심을 부를 것이다. 실제로 그런 일은 이미 벌어지고 있다.

미국에서는 기독교인을 표적으로 총기 난사 같은 테러 행위가 심해지고 있으며, 또 같은 부류의 사람들이, 낙태를 반대하는 단체 사무실에 난입하여 난동을 부리며 기물을 파손했다. 그 외에도 목사나, 기독교인을 상대로 법적 고소 고발은 쉬지 않고 있다.

평등법이 통과 된 영국에서는, 어느 대형교회 목사(James McConnell-제임스 메커넬)가 구원은 오직 예수님께만 있다고 설교했다가, 평등법에 위배된다는 고발과 이슬람교도의 협박에 시달리다가 결국엔 자신이 한 설교 내용을 취소하고 사과하는 지경까지 이르렀다. 그 평등법으로 인해 기독교인들이 표적이 되어, 유일 신앙의 복음을 전할 수가 없게 되었다. 길거리에서 전도하는 일은 인격 모독이나 불쾌감을 주었다는 죄로 제지를 받거나 체포되고 있다. 우리도 그 길로 가고 있는 것이다.

* **결국 평등법(차별금지법)은 교회가 표적이다.**

이 법으로 인해 목사들은 수천만, 혹은 수억 원의 벌금과 아울러, 목사는 감옥행도 각오해야 한다. 아니면 성경대로 설교하지 못할 것이다. 미국, 휴스턴 시의 '애니스 파커'라는 레즈비언(lesbian) 시장은 동성애를 반대하는 목사들에게 설교문을 제출하라는 명령을 내렸었다. (국민일보 2014. 10. 24)

* **기독교인은 급격히 줄어들 것이다.**

많은 기독교인이 교회를 떠나게 되고, 남은 자들은 고통을 당할 것이다. 평등법으로 인해, 교회는 잦은 위법으로 여러 매스컴에 보도 되면서 점점 불법 단체로 인식되고, 비난을 받으며 교회 기피 현상으로 교인 수가 줄어들 것이다. 우리는 이미 코로나19 시절 경험하지 않았는가?

* **하나님의 큰 심판을 초래하게 될 것이다.**

싸우지 않고 침묵한다면 지금 있는 것도 잃게 될 것이다. 신앙생활은 영적인 싸움이다. 다른 길은 없다. 우리는 저들과 타협할 수가 없으며 담대한 믿음으로 이겨 나가야만 한다.

* **평등법을 막아야 한다.**

그런데 이 거대한 물결을 누가 막을까? 입법 기관 국회에는 기독교 인사들이 1/3이나 되지만 전혀 힘을 쓰지 못한다. 기독교인들은 투표할 때, 선택을 잘해야 한다. 하나님께 도전하며, 교회 탄압으로 이용될 악법을 만드는 자를 지지한다면, 그 죄에 가담하는 것이다. 투표를 잘해라! 투표 잘못하면 그것도 회개할 큰 죄라는 것을 모르는가?

## 동성애 목사가 배출되고, 동성애자들이 모여 예배하며 하나님을 모독하게 될 것이다

설교하는 목사가 동성애자요, 모이는 신도들이 동성애, 양성애 등 다양한 성적 취향을 가진 자들이 하나님께 예배하는 꼴이 이미 연출 되고 있다. 예배당에 우상단지를 세워 놓고 예배하는 꼴이다. 중국의 삼자교회가 모택동, 시진핑의 사진을 걸어놓고 예배하듯 말이다. 그런 예배는 하나님을 모독하는 것이다.

2023년 3월 미국의 켄터키 윌모어 시 "에즈베리 신학대학교"에서 일어나고 있는 부흥 운동이 많은 관심을 받았다. 자발적인 학생들의 쉼 없는 기도 모임이 하루도 빠짐없이 수 주간 지속되자 주변 사람들이 모이기 시작하고, 6~7시간을 기다려야 들어갈 정도로 엄청난 인파가 몰렸다.

그런데 그 집회 찬양 인도자 가운데 "엘리야 드레이크(Elijah Drake)"라는 학생과 몇 학생들이 〈동성애자〉라는 사실이다. 그런데 그들이 은혜받고 동성애를 버리고 새 삶을 살게 되었는가? 아니다. 오히려 그 집회를 이용해 동성애자들의 입지를 강화하고 있다. 드레이크라는 동성애 학생은 오히려 "동성애의 존엄과 신성한 가치를 인정하라"고 강조했다. 하나님이 엄히 금하신 일을 하면서도, 교회의 일원이 되어, 하나님께서 자신들을 용납하셨다는 분위기를 만들고 있다.

## 성(性) 정체성 혼란과 기형적 현상을 가속할 것이다

인간에게 성(性)이란? 남성과 여성뿐이다. 그런데 이들의 성 정체성은 수십 가지다. 남자, 여자, 중성, 양성, 트랜스젠더, 짐승의 성까지 포함된다. 이들의 성적 취향은 정해진 방향이 없다. 원하는 데로 갈 뿐이다. 남자가 될지 여자가 될지 또 다른 성을 선택할지를 "성적 자기 결정권"을 국법으로 부여해 주는 것이다.

내 생각에 따라 남성이 되고 여성이 된다. 1년은 남성으로 살고 2년은 여성으로 살 수가 있다. 정신이 그렇다면야 어찌하겠는가? 그러면 타인은 그 사람을 그렇게 인정해야 한다는 것이다. 이제는 "나는 강아지야~"라고 하면 강아지로 인정해 주어야 하고, "나는 염소야~"라고 하면 염소로 인정해주어야 할 판이다.

군대 갈 시기가 되면 "나는 여자야!"라고 하면 그러면 여자가 된다는 것이다. 그렇게 해서 군 복무 면제 받고…. 얼마든지 악용될 소지도 크다.

\* 캐나다에서 차별금지법이 통과 된 후 생긴 일을 보면 기가 막히다. 아기를 낳고 출생 신고를 하는데 남자 여자 표기를 하지 않고 모름(unknown : 알 수 없음)으로 기록한다. 왜냐하면, 그 아이가 커서 자신의 성을 스스로 결정해야 하기 때문이다. 인간의 남녀라는 기존의 개념이 아예 사라지고, 새로운 기준이 등장한 것이다. 그 정신의 세계를 인정해 주는 판결이 한국에서도 시작되었으니, 이제는 총체적으로 망가지고 있다.

\* 캐나다에서 2020년 1월에 딸이 남성으로 성전환 수술을 원하지만, 반대하는 부모 간의 소송이 붙었다. "부모가 반대하는 것은 자녀에게 큰 고통을 주는 것이요, 자녀의 행복에 반한다. 딸을 딸이라고 부르는 것은 가정 폭력이다."라고 판결했다.

이것이 "성적 자기 결정권"이다. 타고난 성으로만 남녀를 구별한다면 큰 코다치는 세상이 되었다. 차별금지법(평등법)은 한마디로 내 맘대로 하는 법이다.

## 이 법은 평등만 말하고 구별은 없다

평등이 구별을 없애 버리는 것이다. 예를 들어, 〈사과〉와 〈배〉 그리고 〈복숭아〉는 분명히 각각 구별되는 과일이다. 그런데 이제는 똑같이 보라는 것이다. 즉 〈배〉를 〈배〉라고 하지 말고, 〈사과〉를 〈사과〉라고 하지 말고, 〈복숭아〉를 〈복숭아〉라고 하지 말라는 것이다. 그냥 과일로 통일해서 부르라는 것이다. 같은 과일인 것만 강조하는 것이다. 과일인 것은 맞지만 똑같은 과일이 아닌데, 맛도 다르고 모양도 다르고, 향기도 다르고 성분도 다른데 말이다. 그런데 평등법은 그 차이점이나 특징을 없애버린다. 다르면 안 된다는 것이다. 그냥 똑같다고 법으로 정해버리는 것이다.

그래서 이 법이 통과 된 나라에서는 여자를 여자라고 해도 안 되고 남자를 남자라고 해도 안 된다. 그냥 사람이라고 해야 한다. 남편이나 아내라는 구별된 호칭도 차별의 언어요, 불법의 언어가 된다. 어떤 부류들이 이런 입법 활동을 하는지를 보라. 다수가 왼쪽이다.

정말 모든 것을 평등화할 수가 있을까? 사회적으로 차별을 없애야 하는 일들이 있을 것이다. 그러나 모든 부분에 있어서 평등이라는 말로 획일화할 수는 없다.

남자가 아기를 낳을 수가 있는가? 여자가 남자만큼 힘을 쓸 수가 있는가? 스포츠 경기에서 남녀가 권투하거나, 남녀가 동시에 달리기를 해서 등위를 가르는 것이 평등한 일인가? 평등법 속에 담긴 종교 평등, 경제 평등, 사상 평등, 성평등은 상당한 부작용이 따를 것이 예상된다.

이 법이 통과된다면 기독교는 이단과 다르지 않고, 공산 사상의 확산을 막을 길이 없으며 사람과 짐승의 경계가 사라지는 것이다. 그리고, 평등을 가장한 이단이나 이적 세력들은 춤을 추게 되겠지…. 멍하니 있던 국민은 강아지 되고….

# Chapter 05
# 공산주의의 주적은 기독교이다

　우리는 공산주의에 대하여 상당한 대비와 무장을 해야 한다. 나는 목회 활동을 하는 동안 반공 교육도 함께 했다. 그것이 정상이기 때문이다.

　아무래도 이쯤에서 오해할 독자가 있을까 봐 잠시 한마디 덧붙이고 가야겠다. 서두에서 나는, 이 글은 기독교 유일 신앙을 지키려는 일념으로 작성한 것이라고 밝혔다. 그렇게 알고 읽어야 다른 길로 빠지지 않는다. 주제에 충실한 글이 되기 위해 현시대에 나타나는 반 기독교 현상을 거론한 것이다. 사회 현상뿐 아니라 정치권도 반 기독교 현상은 역시 예외가 아니다. 오히려 정치권은 우리에게 가장 큰 영향력을 행사하는 집단이기 때문에 더욱 말하지 않을 수가 없다.

　그래서 우리의 신앙에 위협이 되거나 유일성을 훼손하는 개인, 사회, 단체, 혹은 정치권의 주도적 현상을 일부 거론하는 것이다. 그런데 정치 영역을 건드리면 예민해지는 사람들이 있다. 그런 사람들은 주일 예배 설교 때도 예민하게 반응하여 도중 나가버리는 일도 있다. 우리 교회에서도 두 명이 가버렸다. 주님이 사랑하시는 양들을 향한 목사의 외침은 정치운동을 하자는 게 아니다. 이 시대를 향한 하나님의 음성을 들려주고, 주님의 양떼들에게 영적 분별력을 길러주기 위함이다.

이글은 일반 시민의 글이 아니라 목사가 신앙의 눈으로 보고 작성한 것이다. 물론 나도 개인적으로 가지고 있는 정치적 견해가 있고 투표도 한다. 그러나 이 책은 어느 정당을 지지하거나 비난할 목적이 아님을 분명히 밝힌다. 논쟁의 장을 만들려는 것도 아니다. 그래서 정당명이나 정치인의 이름을 거론하는 것을 삼가했고, 최대한 걸러서 오해의 소지를 줄이려고 노력했다. 그럴지라도 이미 알려진 사실들로 독자가 눈치를 챘을 수 있겠지만, 그것은 더 이상 가릴 수 없는 한계치인 것을 어찌하랴!

다시 말한다. 나는 정치적 견해로 이런 글을 쓴 게 아니다. 평등과 혼합주의로 가장한 배후에 있는 사탄의 정체를 드러내어 성도에게 알려주기 위한 목사의 심정으로 쓴 것이다.

하나님의 종으로서 내게 맡기신 양들을 살려야 하기에, 우리의 생명인 오직 성경 중심의 유일 신앙이 무너지고 있기에 그것을 지키려는 일념이다. 당신이 그리스도인이라면 주님의 눈으로 보고, 주님 편에 서서 생각하라. 그래야 목사의 시선에 어느 정도 맞출 수가 있다. 학연이나 지연, 혈연, 개인의 선입관이나 편견을 버려라! 그래야만 비로소 보이는 것들이 있기 때문이다. 한 가지 충고하자면, 당신의 정치적 성향이 영적 생활에 가장 큰 걸림돌이 될 수도 있음을 잊지 말라. 나는 그런 사람을 여럿 보았다. 믿음의 눈과 세상을 보는 눈이 다르면 안 된다.

기독교 세계관의 기준은 하나다. "하나님이 보시기에 좋은가?" 그것에 초점을 맞추면 보이지 않던 것이 보이고 깨닫게 된다. 이 기준은 모든 분야에 적용된다. 그런 마음으로 계속 읽어 주기를 바란다.

성경을 배우는 사람이라면 자동적으로 반공정신이 만들어진다. 철저한 유물론과 무신론의 집단인 공산주의는 우리 기독교 역사에 최대의 적이 되어 있다. 그들을 전도의 대상으로 삼을지언정 용공이나 친공은 있을 수가 없다. 우리 교회 전광판에 "반공·방첩"이라는 글귀가 나오도록 설정해 놓은 때가 있었다. 그런데 방문 왔던 일부 목사님들이 보고, 이게 어느 시대 표어인데 지금 써 놓았냐며 웃어 댔다. "반공·방첩"이란 말이 이제는 웃기는 말이 된 것이다.

근 현대사에서 공산국가나 공산주의자는 민주 진영과 기독교에 상당한 위해를 가했고, 그 위세는 지금도 꺾이지 않고 더욱 강력해지고 있는데, 우리는 무장 해제 수준이다. 적은 끊임없이 총을 쏘아대고 있는데 아군은 전쟁이 끝난 줄 안다. 그래서 이 전쟁은 사탄이 아주 쉽게 이기고 있는 것이다. 북한은 오랫동안 기독교 박해 국가 1위로 자리를 굳히고 있다. 맘을 놓아서는 안 된다. 북한이라는 주적이 대남 적화 활동을 쉬지 않고, 또 남한에서 가끔 검거되는 간첩들을 보면, 간첩은 늘 우리 곁에 있다는 것을 알 수가 있다.

### 목사가 반공을 외치는 이유?

목사가 성경이나 가르치고 기도나 할 것이지 왜 반공을 말하는가?

**자유 대한민국을 살리는 길이기 때문이다**
우리 대한민국은!
* 자유로운 민주주의 국가이다.
* 자유 시장 경제를 기반으로 한다.
* 한미동맹으로 국가안보를 확고히 한다.

* 반공 국가로 세워졌다. 북한은 김일성이 공산국가를 세웠고, 대한민국
  은 이승만 대통령이 반공 국가로 세웠다.

이것은 가장 큰 차이점이요, 지금까지 대한민국이 발전해 온 원동력이다. 북한이 국제 거지가 된 것은 김일성이 공산국가의 길을 선택했기 때문이요, 남한이 세계 경제 10대 강대국이 될 수 있었던 것은 이승만이 반공을 외치며 자유민주주의를 선택했기 때문이다. 그래도 모르겠는가?

만일 1945년 해방하여, 남한이 박헌영의 선동에 따라 공산화의 길을 택하였다면, 지금의 우리는 없다. 수령님을 모시고, 옥수수 죽이나 간신히 먹으면서, 그 독재자를 위한 소모품으로 사라져 갔을 인생이다.

**교회를 살리는 길이기 때문이다**

공산주의에 물들면 반드시 반 기독교 전선으로 연결된다. 그래서 반공 운동은 교회를 지키는 일이기도 한 것이다.

한국교회가 이처럼 대부흥의 역사를 이룰 수 있었던 것은, 그 자유민주주의 국가 안에서 가능했다. 이승만 같은 반공정신이 투철한 건국 인사들이 종교의 자유를 보장하고 맘껏 활동할 수 있도록 보장했기 때문이다. 그래서 저들은 이승만을 원수로 여기는 것이다. 국가의 발전과 기독교의 부흥은 이런 바탕에서 가능했다. 공산 치하에서는 어림없는 일이다. 그래서 우리 기독교는 공산주의보다는 자유민주주의와 더 잘 어울리는 것이다.

해방 당시 북한에 있던 2,300개가 넘는 교회를 헐고 그 자리에 김일성 동상을 세웠다. 우리가 왜 반공정신을 유지해야 하는지를 알겠는가?

코로나 창궐의 시기에 교회가 코로나 확산의 주범인 것처럼 언론을 통해 선동했으며, "비대면 예배"라는 신조어를 만들어 예배를 제한했고, 공무원들을 풀어 교회를 찾아다니면서 철저히 통제하고 고발 조치까지 했다.

공무원이나 군인들 그리고 대기업에서는 교회에 다니지 못하게 엄명을 내렸고, 교회에 나가는 성도들은 주변 사람들의 눈치를 보며 조심조심 다녔고 어느 때는 숨어서 예배를 드려야 했다.

지나친 통제로 자영업자들이 부도를 맞았고 갚을 수 없는 부채로 인한 부작용은 심각 지경에 이르렀다. 코로나로 죽고, 강제로 맞게 한 백신 부작용으로 죽고, 비관 자살해서 죽고 코로나는 잡지 못하면서 국민만 잡은 꼴이었다.

일주일에 한두 시간 예배하는 일도 금지했다. 한두 시간의 예배가 그렇게 위험하다면 매일 영업하는 업체는 더욱 위험한 것 아닌가? 대중 이용 시설이나 버스, 전철, 백화점, 일반 상점들은 다 영업하는데 교회만 유독 심하게 단속한 것은 무엇을 말해주는가? 광주 안디옥 교회 박영우 목사는 코로나19 방역 시절에, 방역 규칙을 준수하면서 드린 예배를 이유로 교회를 폐쇄하고 300만 원의 벌금이 나오자, 광주시를 상대로 소송을 걸어 대법원까지 올라갔으나 유죄로 결론이 났다. 국가행정 편의상 만들어지는 시행령은 하위법으로서 상위법인 헌법을 벗어나지 않는 범위 내에서 집행 되어져야 한다. 그것은 상식이다. 그런데 헌법에 보장된 종교의 자유와 예배의 자유가 하위법에 의해 무너진 것이다.

이런 식이면 통치자는 못 할 짓이 없게 된다. 이것은 비단 교회만의 문제가 아니다. 이로써 우리 국민은 권력자가 헌법을 초월한 통치 행위를 하여도 할 말이 없게 되었다.

그 결과 한국 교회는 최소 10,000개에서 최대 15,000개가 사라졌다. 이것은 기독교 역사에 길이 남을 사건이다. 교회가 공권력에 의한 동네북이 되었는데도 적지 않은 목사들이 아무 말이 없다. 당한 교회의 목사와 성도는 통곡하고 있는데 남의 일이다.

저들이 누구인가? 북한이 무슨 짓을 해도 호의적으로 대하였으며 귀순한 탈북자들을 북송시킴으로 반인권의 짓을 했다. 신영복 같은 간첩을 존경한다고 당당하게 선언하고, 베트남이 공산군에게 패전한 것을 두고 희열을 느끼는 자들이다. 이런데도 이들의 속을 모르겠는가?

북한의 김정은에게 넘긴 USB 메모리 카드에 담긴 내용이 무엇인지 밝히라는 법원의 명령에도 국가 기밀 사항이라서 밝힐 수가 없단다. 그러면 자국민에게도 밝힐 수 없는 국가 기밀을 주적 북한에게 넘겼다는 말이 되는데…? 무슨 나라 꼴이 이 모양인가? 아~ 나도 같이 미쳐가는 기분이 든다.

이런 정권하에서 한국 기독교가 천대당하고 견디다 못해 길거리에 나가 외치며 구국 금식 기도까지 하게 된 것이다. 기독교인이 동성애를 지지하고 반기독교 정책을 만드는 자들에게 투표했다면 스스로 악한 일에 동참한 것이 아닌가?

### 후손을 살리는 길이기 때문이다

반공 운동은 나라를 살리고, 교회를 살리고, 우리의 후손들을 살리는 길이다. 우리 후손들이 공산 독재자 치하에서 산다면 참으로 끔찍한 일이다. 자유로운 대한민국에서 살아야 희망이 있고 신앙생활도 자유로운 것이다. 공산당과의 공존은 불가능하다. 이제는 반공을 넘어 멸공의 길로 나가야 하며, 자유대한민국으로 통일되도록 기도하며 목사들이 먼저 앞장서서 이승만처럼 백성을 계몽해야 할 것이다.

**공산, 사회주의는 하나의 사이비 종교이기 때문이다**

이들이 하는 짓을 보면 단순한 학문적 이념이 아니다. 이들은 공산화를 위해 평생을 헌신하고 충성을 다한다. 자신의 목숨을 바치고 타인의 목숨도 빼앗는다. 잔인하고 거칠며 온 가족을 동원하고 대를 이어 헌신한다. 때로는 국가를 전복시키고 사회 혼란을 초래한다. 이들은 공산 사이비 종교에 미친 사이비 광신도라고 해야 어울린다.

## 공산주의 대표적인 인물들의 반기독교 성향

**마르크스(Karl Marx)**

공산주의의 교조 격인 "마르크스"는 말하기를, "종교(기독교)는 아편이다." "빠지면 사람을 병들게 하는 마약이다."라고까지 했다. 공산주의 창시자의 생각이 이러한데, 그의 추종자들은 오죽이나 할까? "종교는 아편이다." 즉 종교는 공산, 사회주의를 위해 사라져야 할 악이요, 기독교를 제거하지 않으면 자신들의 세계는 어렵다고 판단하여 모든 수단을 다 동원해야 한다는 사명감으로 가득하다. 그래서 우리들은 공산주의를 알고 경계하고, 그들이 내 영역을 어떻게 침범하는지를 알아야 한다.

예레미야 선지자는 세상의 죄악상을 바라보고 통곡하면서, 그 시대를 향하신 하나님의 말씀을 임금과 백성들에게 전했다. 내가 사는 시대를 읽지 못하는 자가 어찌 그 시대를 사는 사람들을 가르치고 선도할까?

목사들이여! 성경만 보지 말고 세상을 보는 눈도 가져라!

**스탈린(Joseph Vissarionovich Stalin)**
**첫째, 기독교는 무산대중의 원수이다.**
　무산대중(無産大衆)이란? "노동자, 농민, 가난한 자를 말한다. 왜 기독교가 무산대중의 원수인가? 기독교인들이 노동자나 농민들을 억압하고 갈취했는가? 아니다. 기독교인들도 농민이요 노동자이기는 마찬가지다. 그래서 이들의 말은 시작부터 거짓이요, 악의적임을 알 수 있다. 무조건 기독교를 제거해야 하기 때문이다.

**둘째, 대형 교회부터 파괴해야 한다고 했다.**
　이들은 교회나 기업체 모두 거대해지면 비난하고 척결의 대상으로 규정한다. 열심히 일하고 정당하게 얻는 부(富)도 허용하지 않는다. 한마디로 남이 잘사는 꼴을 보지 못하는, 심보가 아주 고약한 부류들이다. 그래서 이들이 권력을 쥐게 되면 자본가나 잘사는 사람들의 재산을 국유화하거나 갈취한다. 그것을 보고 무산대중들은 통쾌해하면서 자신들도 모르게 저급한 수준으로 전락하는 것이다. 그래서 이들은 남의 것 뜯어먹는 개요, 공짜로 얻어먹는 돼지로 불리는 것이다.
　권투계의 전설적 챔피언 홍수환 장로가 한 말이 생각난다. "공산주의자는 남의 것을 공짜로 먹는 자들이다!"라고 말이다.

**니키타 흐루쇼프(Nikita Khrushchev)**
1953년~1964년까지 소련 공산당 서기장을 지낸 자요 스탈린을 이어 소련의 최고지도자가 된 자이다. 그는 "3년 안에 기독교인을 다 없앤 후 마지막 한 명은 전국 TV 방송으로 처단하여 크리스쳔의 씨를 말려 버리겠다." 라고 했다.

　독재자는 자신의 통치를 안정시키려고 별수단을 다 쓰지만, 기독교는 타 종교에 비해 다루기가 쉽지 않다. 공산 정권에 반기를 들고 국민을 일깨우는 역할을 하기 때문이다. 기독교와 자본가는 적대 관계가 아니다. 성경은 7일 중 6일은 열심히 일하여 타의 본이 되고 그 열매로 잘 사는 것을 격려하며 칭찬한다. 그래서 기독교가 자유로운 땅에서는 성실한 사람이 많고 그 사회가 발전하며 윤택해지는 것이다. 이것을 우리는 하나님이 주시는 은총으로 믿는다. 국민은 자유롭게 살게 두면 열심히 일하여 잘 살아가게 되어 있다. 그런데 공산 전체주의 국가에서는 일일이 통제하기 때문에 개인의 능력이나 업체의 기능을 발휘할 수가 없으니, 발전이 없고 가난을 면치 못하는 것이다.

### 폴포트(Pol Pot)

　폴포트(Pol Pot)는 캄보디아 극단적인 공산주의 지도자로 1975~1979년 집권하였다. 그는 세계적인 악마라고 할 정도의 자국민 살인마였으며, 온 나라를 킬링필드로 만든 장본인이다. 스탈린과 같이 사람을 취미로 죽이는 정신 이상자라고 할 정도의 공산당 독재자이다. 집권 3년 9개월 동안 약 200만 명 이상을 죽였다. 집단 농장을 만들어 모든 국민을 농부로 만들어 통제하였으나 실패했다. 그는 실패한 원인을 두 가지로 분석했다.

**첫째, 국민에게 너무 안락한 생활을 하게 해주었기 때문이다.**

**둘째, 국민 통제가 너무 느슨하였기 때문이다.**

비참한 억압 통치로도 모자라서 더욱 철저히 통제하고 감시하게 된다. 도시에 사는 사람들은 모두 자본가로 보고 모두 주거지를 강제로 이동시켜 버렸다. 어디로 가는지도 모르게 강제적으로 이주하는 과정에서 1만 명이나 사망했다.

이들이 끌려간 곳은 전국 곳곳에 있는 집단 농장이었다. 12시간에서 24시간을 일하며 가혹하게 부렸다. 폴포트는, 자본가는 노동으로 교화해야 한다고 믿었기 때문이다. 1975년 한 해에만 도시 이주민의 3분의 1이 고된 노동으로 사망했고, 화폐도 없애 버리고 검은색 신발, 검은 옷을 입혀 통일하였으며, 똑같은 음식을 먹고 똑같은 집에서 살게 하며 똑같은 일을 하게 하였다.

아이들은 학교를 보내지 않고 5살~9살까지 사상교육을 했으며 노동자들을 감시 보고하는 일을 시켜 공산당에 충성하는 사람으로 키웠다.

그는 또 농민들을 빼고 나머지는 다 죽이겠다는 정책을 펴면서 교사와 지식인들 그리고 경찰 공무원을 모두 죽여 버리기로 정하고 그런 사람을 색출해 내는 방법으로 손이 희거나, 고운 사람들, 안경을 쓴 사람들, 편지를 읽을 수 있는 사람이면 다 죽여 버렸다. 심지어 지식인들의 가족 3대까지 죽이고 젖먹이 아기까지 살해했는데, 살해 방법은 아기의 다리나 팔을 잡고 나무나 거친 물건에 패대기치듯 내리쳐서 죽였다. 그래서 공산 사상에 물드는 것은 악마에 점령당한 것과 같은 것이다.

"폴포트" 자기 자신도 지식인에 속하지만, 자신은 예외적인 인물로서 본래의 자기 이름을 버리고 정치적인 잠재력을 지닌 지도자라는 의미가 담긴 이름 Pol(politics) Pot(potential)를 사용하였다.

수용소 감옥만 전국에 120개나 만들어 반동분자를 가두어 온갖 고문을 자행했다. 죽어 나간 사람들을 매장하는 장소만 전국에 2만 개나 되었다고 한다. 그의 집권 3년 9개월 만에 캄보디아 인구 4분의 1이 사망했다. 죽음의 땅이 된 것이다. "킬링필드(죽음의 땅)"라는 말이 그래서 생긴 것이다. 공산 사상으로 무장된 그 한 사람이 나라를 100년이나 후퇴시키고 비참한 지옥의 땅으로 만든 것이다. 알겠는가? 공산주의 사상은 악마의 사상이라는 것이다.

탈북자들이 공통으로 하는 말이 있다. "북한은 지옥입니다." 이렇게 볼 때 공산, 사회주의에 조금이라도 물들면 그때부터는 사람이라고 보면 안 된다. 사나운 이리, 늑대, 아니, 지옥의 사자라고 해야 적당하다.

### 지금의 공산, 사회주의자들

이들에게 "교회는 공산 혁명의 가장 큰 걸림돌이다. 공산 혁명을 위해서는 교회를 제거해야만 한다." 이렇듯 이들은 하나 같이 반기독교 정신으로 무장하고 있다. 기독교가 왕성한 나라일수록 공산화는 어렵다. 그래서 이들은 기독교 박멸을 우선 과제로 삼고 공권력을 잡으면 국가 운영에 반기독교 정책을 필연적으로 넣게 되는 것이다.

기독교는 지금 사면초가와 같다. 그렇다고 언제는 안 그런 적이 있던가? 기독교 역사는 그런 역사이다. 고난과 핍박 속에서도 살아남아 오늘까지 온 것인데, 앞으로도 세상은 그렇게 흘러갈 것이다.

> 그러나 이 모든 일에 우리를 사랑하시는 이로 말미암아 우리가 넉넉히 이기느니라 (롬 8:37).

우리에게 고난은 있어도 절망은 없다. 하나님은 우리가 감당할 수 없는 것은 허락하시지 않으시기 때문이다.

> 사람이 감당할 시험 밖에는 너희가 당한 것이 없나니 오직 하나님은 미쁘사 너희가 감당하지 못할 시험 당함을 허락하지 아니하시고 시험당할 즈음에 또한 피할 길을 내사 너희로 능히 감당하게 하시느니라 (고전 10:13).

지금 이 땅에는 적지 않은 크리스천이 있다. 변절자들의 모임인 WCC나 NCCK에 속한 교단을 빼면 그래도 절반의 교회 500만 성도는 남아 있다. 결코 적은 숫자는 아닐 것이다. 올바른 신앙을 가진 목사들도 있지만, 이런 단체에 교단이 가입되어 있으니, 개교회 목사들은 어쩔 수 없다는 식이다. 우리가 시간마다 겸손히 예배드리며 끝까지 십자가 대속의 복음을 지켜나간다면, 이 땅의 죄악이 크다 해도 주님께서는 그 자녀들을 귀히 보시고 이 땅을 아주 버리지 않으리라 믿는다. 내가 이렇게 믿는 이유는 성경 말씀을 믿기 때문이다.

> 너희는 예루살렘 거리로 빨리 다니며 그 넓은 거리에서 찾아보고 알라 너희가 만일 정의를 행하며 진리를 구하는 자를 한 사람이라도 찾으면 내가 이 성읍을 용서하리라 (렘 5:1).

이 말씀은 남 유다가 하나님을 떠나 우상을 숭배하면서 회개하지 않자, 예레미야 선지자를 통해 바벨론에 의한 심판을 예고하시면서 주신 말씀이다. 단 한 사람이라도 정의를 행하고 진리를 구하는 자가 있다면, 유다는 결코 멸망하지 않는다는 말씀이다.

하나님께서 소돔 고모라 성을 멸하려 하실 때 아브라함이 간구한다.

> 아브라함이 또 이르되 주는 노하지 마옵소서 내가 이번만 더 아뢰리이다 거기서 십 명을 찾으시면 어찌하려 하시나이까 이르시되 내가 십 명으로 말미암아 멸하지 아니하리라 (창18:32).

의인 10명만 찾아도 멸망시키지 않으신다고 하셨다.

한국교회 안에 거듭난 의인 10명이 없을까?
500만 성도 중에 하나님의 자녀 10여 명이 없을까?
"주여! 한국교회 안에 의인 10명을 주시옵소서!"
"한국교회 성도 500만 명이 주일마다 예배드리지 않습니까?"
"우리가 조금 부족해도 진노하시지 마시옵소서~!"
"이 나라를 버리지 마시옵소서!"

좌파 정부 시절엔 이 나라가 아주 절단 나는 줄 알았다. 코로나 역병을 핑계로 공산국가에서나 가능할 정도의 국민 통제와 교회 억압을 그의 퇴임 때까지 지속했다. 교인들과는 달리 교회를 책임지고 있는 목사들이 느끼는 감도는 심각했다.

그가 물러나고 코로나가 여전한 지금을 보면 그리 살벌하게 하지 않아도 될 것을 그랬구나! 하는 생각이 강하게 든다. 살벌한 그 시절 교회들은 구국 금식 기도와 새벽기도회를 작정하며 기도했다.

"주님! 저 불량한 자들이 이 나라를 쥐고 마구 흔들고 있나이다."

"대한민국을 살려 주시옵소서!"

그러던 어느 날 주님은 내게 응답을 주셨다.

"이 나라는 저 불량한 자들의 손에 있는 게 아니라 내 손에 있느니라!"

"아멘!" 하나님이 보호 하사 우리나라 만세~!"

한 국가의 운명이 어찌 불량배 몇이 좌우하랴! 더군다나 주님을 예배하는 성도가 이리도 많은데….

"암~ 이 나라는 앞날이 밝을 거야!….."

약간의 안심이 된다. 그러면서도, 한편으로는 불안감을 감출 수가 없는 것은? 한국교회 안에 의인이 몇이나 될까? 1,000만 명? 아니 500만 성도 중에 거듭난 의인이 몇이나 될까? 하나님의 마음을 움직일 하나님 마음에 합한 의인이 얼마나 될까? 긴장하지 않을 수가 없다.

"설마… 10명은 넘겠지…."

소돔과 고모라 성에 거주민이 약 수만에서 십만은 넘었을 것이다. 그런데 의인이 없어 결국 불 심판을 받았다.

"설마 이 땅에 의인 몇이 없겠어?"

스스로 위안을 삼아보지만 소돔 성에서의 의인이라고는 천사를 대접한 롯 한 사람뿐이었다. 그런데 한 사람 가지고는 그 성이 보존될 수가 없었다. 의인과 악인을 한 곳에서 벌하실 수 없으신 하나님께서는 결국 롯을 밖으로 옮기신 후에 그 성을 멸하신다. 이 같은 역사는 노아 시대를 보아도 알 수가 있다. 당시 최소 1억 인구에서 15억 정도로 볼 수가 있는데 의인은 오직, 노아 한 사람뿐이었다. 좀 더 많았다면 인류의 역사는 달라졌을 것인데 결국, 노아 식구들만 살아남고 다 사라졌다.

"아~ 의인이 너무 적어도 나라가 보존되기가 어렵구나~!"

우리가 모두 의인으로 인정받기를 간절히 기도한다.

## 목회자의 각성

이런 말세의 징조가 보일수록 목사들은 더욱 성경대로 전하라고 하신다.

> … 엄히 명하노니 너는 말씀을 전파하라 때를 얻든지 못 얻든지 항상 힘쓰라 범사에 오래 참음과 가르침으로 경책하며 경계하며 권하라 (딤후 4:1-2).
>
> 그러나 너는 모든 일에 신중하여 고난을 받으며 전도자의 일을 하며 네 직무를 다하라 (딤후 4:5).

목사는 고난을 받으면서도 말씀을 전하는 사명자다. 반공 국가로 세워진 이 나라가 어찌하다가 이런 지경까지 이르렀는지 기가 막히다. 오히려 서울 한 복판에서 친북을 외치고 김일성, 김정은을 존경한다고 떠들어도 멀쩡하다. 그런 자들이 고위직에 오르고 북한이 미사일을 쏘아대고 사고를 쳐도 두둔하기에 바쁘고, 천안함 폭침을 보고 남한의 자작극이라고 우긴다. 반공을 외치면 편 가르기를 한다고 비난하고, 반공 교육은 청소년에게 해로운 목록으로 분류가 되고 있다(유튜브-"대한민국 큰일 났다. 나는 공산당이 좋아요~").

누가 이렇게 만들었는가? 무심한 국민들…. 오직 자기 일에만 열심히 살다가 보니 생활은 나아져도 나라가 어디로 가고 있는지는 모르는 것이다.

그러는 사이 기독교도 같이 무너지고 있다. 국민을 일깨워야 한다. 누가?

목사들이…. 북한을 보라! 지금 북한에 교회가 있는가? 봉수교회, 칠골교회가 있지만 그것은 선전용이요, 공산당의 달러벌이 창구일 뿐이다.

중국은 시진핑 주석의 지시로 새로운 성경을 만들어 성경의 본래 복음대로 가르칠 수 없게 했다. 비협조적인 교회는 때려 부수거나 목사를 반역 선동죄로 체포하는 게 흔한 일이다. 중국 시진핑 치하의 지난 10여 년 동안 파괴된 교회가 3,000여 개가 넘을 것으로 추산된다. 공산 치하는 일제 치하보다 더 가혹하고 잔인하다. 일제 강점기 40여 년 동안에 죽임당한 목사님들 보다, 1950년 공산군이 남침하여 잠시 점령했던 3개월(7~9월) 동안에 죽임당한 목사님들이 훨씬 더 많다는 것을 아는가? 그때 공산군에게 총살당한 목사님이 바로 사랑 많으신 손양원 목사님이다.

반일 감정을 키울 것이 아니라 반공 사상을 키워가야 이 나라가 산다. 아직도 깨닫지 못하겠는가? 왜 기독교인들이 정치에 관심을 가져야 하는지? 기도할 뿐 아니라 나랏일에 적극 참여해야 하는 이유를….

> 그러므로 내가 첫째로 권하노니 모든 사람을 위하여 간구와 기도와 도고와 감사를 하되 임금들과 높은 지위에 있는 모든 사람을 위하여 하라 이는 우리가 모든 경건과 단정함으로 고요하고 평안한 생활을 하려 함이라 (딤전 2:1-2).

성경에 수많은 선지자를 보면 하나 같이 당시의 정치권을 향해 외친 것을 볼 수가 있다. 이사야 선지자가 그랬고 예레미야 선지자는 정치권을 향하여 외치다가 붙잡히고 고문당하기를 수 없이 당했다. 그래도 하나님은 가서 외치라고 명하셨다. 세례요한은 당시 부도덕한 짓을 한 헤롯왕을 향해 외치다가 옥살이 도중 참수형을 당했다. 사무엘 선지자는 사울 왕이나 다윗 왕을 자주 만나 조언과 충고로 하나님의 말씀을 전달했다. 요셉이나 다니엘은 아예 임금을 수발하는 정치 총리로 활동하면서 하나님의 뜻을 실현하였다. 성경을 보는 목사들이 세상을 보는 눈도 열리기를 기대한다. 그래야 이 시대를 사는 성도에게 필요한 메시지를 전할 수 있기 때문이다.

### 교회를 장악하라!

북한의 대남 전략이 먹히지 않는 이유가 바로 남한의 기독교 때문이라는 분석이 나왔다. 그래서 김일성은 바로 기독교를 점령하는 대남 전략으로 바꾸고, 김일성은 1970년대 중반부터 교회 안에 간첩 세력을 침투시키기 시작한다. 그때부터 김일성 장학금이 돌기 시작하고, 그 돈으로 공부한 자들이 적지 않다는 것이 공산 이념을 버린 전향자들의 증언이다.

**탈북자 김국성 씨(남파간첩 총책 역임)가 말하는 간첩의 모습**

그들이 해방 이후 남파한 간첩의 숫자는 총 15만 명이나 된다고 한다. 간첩의 종류는 3가지가 있다. 직파 간첩은 북에서 남한으로 몰래 들어온 간첩으로서 북한에 의해 길러지고 파견된 자이다.

고정간첩은 직파 간첩에게 포섭된 간첩인데 이들 중에 들키지 않고 5년 이상 활동하는 간첩을 고정간첩이라고 한다.

자생적 간첩은 스스로 공산 사회주의에 물들어 북한의 지시를 따라 살며 북한을 위해 활동하는 사람이다.

**김국성 씨는 다음과 같은 자는 간첩이라고 했다.**

첫째, 북한의 3대 세습을 정당히 여기는 사람.

둘째, 주사파, 주체사상을 신봉하는 사람.

셋째, 주한 미군 철수를 주장하는 사람.

넷째, 국가 보안법을 철폐하라고 하는 사람.

다섯째, 낮은 단계 연방제 통일을 주장하는 사람.

여섯째, 북한의 핵무기를 정당화하는 사람.

일곱째, 대한민국보다 북한을 더 추종하는 사람.

여덟째, 북한의 김일성 일가를 비판하지 못하는 사람.

아홉째, 북한의 6.25 남침 사실을 부정하는 사람. 남한이 북침 했다고 함.

이상 북한에서 간첩을 길러내고 교육하여 파견한 총책임자가 한 말이다. 누가 간첩인지 쉽게 구별할 수가 있는 내용이다. 간첩이 아니면서도 위와 같은 언행을 한다면 자신도 모르는 사이 그들의 선동에 물든 것이다.

**공산당이 기독교를 표적으로 삼는 이유**

**첫째, 숨어들기 쉽기 때문이다.**

교회의 장점이자 단점인 수용성이다. 누구든지 오면 받아주는 곳이 바로 교회이다. 그러다 보니 공산주의자나 간첩이 숨어들기 용이하고, 진실성만 보이면 인정 해주고 보호해 주는 곳이 바로 교회이다. 그래서 간첩들이 접근하기에 아주 쉬운 곳이 바로 교회이다.

**둘째, 방패 삼기 아주 좋은 도구가 되기 때문이다.**

종교 자체가 방패 역할을 해주고 있다. 특히 목사가 되면 대우받으면서 간첩 행위를 할 수가 있으니 얼마나 좋은가? 누가 압력을 가하면 종교탄압이라고 외쳐대면서 강력히 대응할 수가 있다. 교단, 교회 단체, 신도가 동원되어 투쟁의 도구로 삼을 수 있으니 얼마나 좋은가? 천주교의 "정의구현사제단"이 하는 짓을 보면 알 수가 있지 않은가? 간첩이 목사가 되고 신부가 되는 것은 안전이 보장되는 확실한 방법이다.

### 셋째, 돈이 있기 때문이다.

대형 교회는 헌금이 많이 나온다. 사업을 해도 크게 할 수가 있다. 대북사업도 역시 마찬가지다. 그래서 대형 교회 목사들은 북한의 귀빈이다. 교인들은 목사가 선교한다고 하면 아낌없이 후원하고, 목사는 지원금을 많이 들고 가기 때문에 북에서는 대형 교회 목사들을 쌍수 들어 환영한다.

여의도순복음교회에서는 북한에 엄청난 지원을 하면서 평양에 500억이 넘는 종합 병원을 완성해 가고 있다(김정은이나 당 간부들만 이용하겠지만). 완공하고 나면 최신 의료 장비까지 채워 유지 관리까지 해줄 판이다. 그러니 대형 교회를 잡는 것은 북으로서는 노다지를 잡는 것이다.

그래서 북에서 나온 말이 있다. "북에서 사업체 100개 만드는 것보다 교회 하나 세우(포섭)는 게 수입이 더 많다."라고….

남한의 대형 교회 목사를 포섭하는 것은 북한 외화벌이의 중요한 수단이다. 남한 교회가 북으로 보낸 자금으로 말하자면 헤아리기 어려울 정도로 엄청나다. 종북 좌파 목사들은 신이 나서 선교비 명목으로 달러를 퍼 나른다. 북한에 수백억을 들여 세운 "과학기술대학원"은 남한 교회들이 앞장서서 세워 준 학교이다. 그 학교 출신들이 북한의 신무기나 핵폭탄을 만드는 주역이 되었다. 북한에 방문하는 주요 인사(종교인, 정치인, 언론인, 사업가 등….)들을 미인계로 잡고, 현지처를 만들고 현지 남편을 만들어 자녀까지 낮게 한다는 내용은 다 알려진 얘기다. 이런 약점과 가족이 볼모가 되어 있으니, 북한에 협조할 수밖에….

**교회를 분열시켜라!**

기독교 세력을 10분의 1로 축소시키는 게 목적이다. 이들은 어떻게 해서든지 기독교 세력을 약화시켜야 한다. 현재의 10분의 1이 될 때까지 지속적인 기독교 분열이나 문제점을 부각시키고, 기독교 본래의 복음주의 사명에서 떠나게 하고 한낱 흔한 종교 단체로 혹은 사회복지 단체로 전락시키는 것이다. 그렇게 해야 영적 권위와 복음의 힘을 잃고 무너진다는 것을 사탄은 잘 알고 있기 때문이다. 그러기 위해서는?

**첫째, 대형 교회를 접수하라!**

작은 교회는 영향력이 없다. 큰 교회에 침투하여 유명한 목사를 포섭하든지, 아니면 약점을 잡거나 오명을 씌워 물러나게 하여 자기들의 사람을 세우는 것이다. 작은 교회 백 개, 천 개보다 대형 교회 하나를 접수하는 게 훨씬 효과가 크기 때문에, 대형 교회 목사를 포섭하고 함정에 빠지게 하는 것이다. 지금 당신이 다니는 교회 목사가 종교(평등) 다원주의를 말하거나, 국가보안법을 반대하거나, 반미를 주장하거나, 동성애, 혹은 무조건 대북 지원을 말한다면 그 교회를 떠나는 게 현명할 것이다.

북에서 남파 간첩을 기르고 관리했던 김국성(남파간첩 총책)씨 증언에 의하면, 남한의 대형 교회 목사 17명이 북한에 연결되어 있다고 했다. 그는 국가 차원의 조사와 신변 안전만 보장된다면 적극적으로 협조하고 싶은데, 안보당국이 그런 정보를 가진 사람을 어떻게 활용하는지가 의문이다.

**둘째, 교회를 분열시켜라!**

이들이 교회 내 침투하여 획책하는 것들이 바로 내부 분열이다. 한기총이 분열되어 다른 단체가 생기고 또 생기고 통합하자고 하지만 이런저런 이유로 실현이 어려운 상황이다. 이 또한 내부의 이적 세력들의 방해일 가능성이 아주 크다. 이제는 건전했던 교단들이 변질되고 있다. 동성애가 허용되고 동성애 목사가 나오고 있다. 신학대학에 동성애 동아리가 버젓이 존재하고 교수진 중에도 반기독교 성향이나 혼합주의를 가진자가 많아지고 있다. 기독교는 총체적으로 난국이다.

**셋째, 기독교 전통 신앙에서 떠나게 하라.**

기독교의 전통적 신앙이란? 성경을 중심으로 하는 유일 신앙에 있다. 즉 오직 하나님 한 분, 구원자는 오직 예수님, 신앙의 기준은 오직 성경, 구원은 오직 믿음, 구원은 오직 은혜, 삶의 목적은 오직 하나님께 영광!

이런 전통적인 신앙 고백에서 멀어지게 하는 것이 바로,

* **종교 다원주의다.**

모든 종교는 평등하고, 구원이 있다는 것이다.

* **공산, 사회주의 유입이다.**

우리나라 국민의 반공 사상이 다 사라졌다.

국회에서는 잔인한 독재자 김정은을 호칭할 때 존칭을 붙이지 않으면 지적을 당하고 야단을 친다. 누가 그러겠는가? 저쪽 의원들이지….

* **평등주의다.**

모든 것이 평등한 세상을 만들자는 것인데 성평등, 경제 평등, 사상 평등, 종교 평등을 법으로 규정 해 버리는 것이다.

이것은 자유 민주국가와 기독교에 심각한 악영향을 가져올 것이다.

* 성(性) 개방이다.

동성애, 양성애, 수간 등, 성 개방 풍조는 기존의 가정을 가차 없이 파괴하게 될 것이다.

* 낙태의 확대이다.

태아 살인을 합법화하여 더 많은 아기가 죽어가게 한다. 지금 우리나라 출산율은 0.78명(2022년), 2023년에는 0.72명으로 떨어졌다. 인구감소가 심각하게 진행되고 있다. 나는 인구 절벽 현상의 가장 큰 원인은 낙태라고 본다. 그런데 그 허용범위는 점점 늘어나고 있으니…. 아~ 이 큰 죄업을 어찌 다 받을꼬~!

**넷째, 목사들이 노조를 만들었다.**

이제는 교회 직원들 노조가 만들어지고 있다. 목사들이 노조를 만든 것이다. 직원이 많은 대형 교회들은 긴장해야 하고, 그들이 연합하여 "전국교회 노조연합"을 꾸릴 것이다. 이미 그런 단체가 등장해 있다. 2020년 7월 31일, 교계에서는 해고를 당한 부목사와 법률가, 노동운동가, 신학생 등 10여 명을 중심으로 〈전국민주기독노동조합 추진위원회〉라는 단체가 꾸려졌으며, 추진위원장은 엄00(43) 목사라고 한다(2020.10.09. MBC뉴스데스크). 일명 〈기독교 노조〉가 탄생한 것이다. 담임목사의 부당한 해고를 당한 부 교역자들이 중심이 되어 노동조합을 만든다는 소식은 참으로 놀랍고 생각지 못한 소식이다. 나도 부 교역자 생활을 거친 입장에서 얼마나 큰 어려움이 있었으면 목사가 노동자라고 주장하면서 노동조합을 만들까 라는 생각도 들기는 한다.

교회의 부 교역자 대우에 문제가 있을 수는 있겠으나 교회 안의 노조 설립은 그들이 가진 문제보다 더 큰 문제를 초래할 수 있음에 주의가 필요하다. 분명하게 말해서 목사는 일반 노동자로 볼 수가 없다. 그 의미가 완전히 다르기 때문이다. 노동자는 "노동력을 제공하고 얻은 임금으로 생활을 유지하는 사람"이라고 정의하고 있다. 반면에 목회자는 생계를 위해 내가 목회를 선택한 직장인이 아니라, 하나님께 부름을 받아 교회를 돌보며, 주의 말씀으로 성도를 먹이고 구원에 이르게 하는 사명자인 것이다. 결코 내가 먹고살기 위해 교회 안에서 투쟁하는 노동자가 아닌 것이다.

주님을 향하여 죽도록 충성하려는 사명감으로 가득해야 할 사람이 세상 논리를 따라 수틀리면 시위하고 파업하여, 노조의 힘을 과시한다면 교회는 그 고유의 모습에서 벗어날 것이 뻔하다. 그런데 이렇게 설립된 기독노조는 막강한 힘을 가진 민노총 산하로 들어갔다.

이것을 보다 못한 통합 측, 박신현 장로는 〈기독교 노조〉 출범에 대해서 다음과 같이 외쳤다. "복음의 진보는 바로 복음의 변질일 것이고, 따라서 복음의 본질을 떠나 시류에 편승하는 것은 하나님께 반역하는 행위이다. 주님께서 명령하신 복음을 가르치고 전하는 일이 세상 직업처럼 취급될 수 없다. 희생과 섬김의 마음으로 행하여야 진정 주의 종이요, 주님의 제자이다. 그럴 자신이 없으면 목사직을 던져 버리라!"고 말했다.

이렇게 되면 나는 또 한 번 한국교회의 미래를 아주 쉽게 예측할 수 있다. "〈기독교 노조〉가 조직화 되고 그 힘이 세질수록 반 기독교 세력들은 노조 활동의 명목으로 교회를 향한 분탕질을 할 것이고, 교회는 일반 직업

현장과 다를 바 없는 혼란과 투쟁의 장소로 변질될 것이다." 그리고 상대적으로 불안을 느끼는 담임(다른 부류) 목사들은 교단을 초월한 전국 연합 노조를 만들 것이고, 서로가 성령의 힘 대신 노조의 힘을 과시하게 될 것이다. 교회는 이제 영성을 잃어버리고, 사탄이 던진 암 덩어리가 되어 천길만길 언덕 아래로 굴러떨어질 예정이다. 교회만 사라지게 할 수만 있다면 무엇이든 가리지 않는 사탄의 역사는 또 이렇게 나타나고 있다.

## 기독교에 해악을 끼치는 자들

### 북한에 무조건 지원하라고 한다

하나님 말씀에 원수를 사랑하라고 했으니 북한 공산당도 사랑하고 지원해야 한다는 것이다. 근본적으로 공산당은 하나님과 원수이다. 왜냐하면 그들은 무신론과 유물론이 그들의 종교이기 때문이다. 북한 주민들을 도울 수는 있을 것이다. 그러나 대북 지원이 배고픈 주민들에게 돌아가지 않는다는 것은 다 아는 사실이다. 오히려 북한 공산당이나 인민군들의 지원 물자로 쓰인다는 것은 보지 않아도 뻔한 일이다. 수백만 명이 굶어 죽어가며 폭삭 망해 갈 때 남한의 정부와 교회들의 지원은 무너져 가던 북한 정권을 살려주었고, 지금은 핵폭탄의 위협을 받으며 살게 되었지 않은가? 그냥 두었다면 지금의 한반도 사정은 많이 달라졌으리라. 교인들의 억만금에 해당하는 헌금이 그렇게 전달 되어 지금은 우리의 목을 누르고 있다.

### 교회를 복지 단체 수준으로 취급한다

사람들은 이제 교회는 어려운 사람들에게 베풀고 구제하는 곳인 줄 안다. 교회의 존재 이유는 복음을 전하여 지옥에 갈 죄인을 구원하는 것이다. 예수님의 십자가 대속의 복음으로 사람들을 깨우치고 주님의 자녀가 되어 천국에 이르게 하는 것이 교회 본연의 임무요 사명이란 말이다. 그런데, 교회의 복지 유행이 내 눈에는 다르게 보이는데 나만 그런가?

> 그러므로 너희는 가서 모든 민족을 제자로 삼아 아버지와 아들과 성령의 이름으로 세례를 베풀고 내가 너희에게 분부한 모든 것을 가르쳐 지키게 하라 볼지어다 내가 세상 끝 날까지 너희와 항상 함께 있으리라 하시니라 (마 28:19-20).

교회의 주된 사명은 복음 전파를 통한 죄인의 구원이요, 그 일로 하나님께 영광을 돌리는 것이다. 사회복지는 그중의 작은 일부에 불과하거나 안 되면 아예 없어도 괜찮다. 그런데 복음 사업보다 복지 사업에 관심이 더 크다. 그래서 목사들이 복지사 자격증을 따는 게 유행처럼 되었다. 적지 않은 목사가 어렵게 공부하여 목사가 되었건만 복지사로 전환 중이다. 그런 능력을 갖춘 교회들이 지역 사회를 위해 투자 목적으로 복지관을 만들어 봉사한다면 장려할 일이다. 그러나 교회 운영이 안 되니까 다른 생업을 찾다 보니 교회의 본래 목적을 잃어버리는 것이 문제다. 사탄은 이제 예수님을 가난한 자들을 위한 복지부 장관 정도로 생각하게 한다. 그리고 교회를 향하여 강하게 요구한다. 사회적 사명을 감당하라고….

그 사회적 사명이란 게 바로 구제나 소외 계층의 돌봄이다. 그러다 보니 지금 적지 않은 교회나 목사들이 복지 사업으로 전환 중이다. 이해하지 못하는 바는 아니지만 적잖은 목사들이 생활이 어려우니 다른 사업으로 전환하여 생업을 삼는다. 아예 예배당 구조를 요양원으로 바꾸어 버린다.

오해하지 말라. 문제는 목회를 포기한 호구지책으로의 전환을 말하는 것이다. 그것은 목사로 사는 게 아니다. 사도바울도 한 때 천막 짓는 일로 생업을 삼은 적도 있고, 굶어 죽을 수는 없으니 어찌 일하는 것이 나쁘겠는가? 그러나 바울은 끝까지 사명을 버리지 않았다.

　스스로 자문해 보라. 나는 목사로서 한 영혼을 구원할 목적을 가지고 이 직업을 택했는가? 그 일도 목회의 일부분이라고 스스로 위안을 삼겠지만, 글쎄다. 열심히 일해 번 돈으로 희생적인 자비량 목회하는 게 아니라면, 주님께서 인정하실지가 의문이다. 그저 사업으로 돈 많이 벌어 좋은 자가용에 좋은 옷을 입고 다니면서, 아예 목회를 접어 버린 당신은 이제 목사가 아니다. 명함에서 목사라는 명칭을 빼 버려라!

　각 분야에 전문가가 흔하고 당신이 하는 그 일은 당신이 없어도 누구나 할 수가 있다. 그러나 목사는 누구나 될 수 없고, 아무나 할 수 없는 영적 세계에 속한 특수직이다. 주님의 부르심과 성령님의 인도하심을 힘 입고, 복음 하나로 인생의 승부를 보는 사람이 목사이다. 정부, 개인, 단체에서 누구나 흔하게 하고 있는 복지계통은 당신이 꼭 필요한 존재가 아니다. 당신을 꼭 필요로 하는 데는 따로 있다. 복음으로 승부를 거는 목회 현장(교회) 말이다.

　다시 말한다. 목사는 복지사가 아니다. 혹시 생활고로 인해 생업의 현장에서 뛰더라도, 목회 현장을 지키며, 한두 사람이라도 놓고 가르치며 천국 알곡이 되게 하라. 어떤 방법으로든(전도, 저술 활동, 강연, 기타 다양한 복음 활동 등) 한 영혼을 살리는 목사의 일을 하라! 그게 하기 싫으면 목사직을 던져 버리고 평범한 직장인으로 살아라! 어떤 자는 아예 목회할 생각도 없으면서 목사가 된다. 목사라는 이름을 사회 활동에 이용하기 위해서 말이다. 목사라는 이름은 목회할 자가 아니면 가질 자격이 없고 가져서도 안 된다. 어느 목사님은 밤엔 대리운전하면서, 낮엔 성경을 연구하고, 가정에서 교회 이름도 없이 교인 댓 명과 함께 예배드리며 자비량 목회를 하고 있다. 어느 목사님은 공사 현장에 다니면서, 언제 자립 할지도 모르는 작은 교회를 놓지 않고 열정으로 복음을 전한다. 평생 그런 생활을 한다고 해도 그게 목사다. 교인 100명, 1,000명이 문제가 아니다. 목사의 모습으로 살고 있느냐가 중요하다. 농부가 농사를 짓지 않으면 더 이상 농부가 아닌 것처럼, 돈벌이만 하는 당신은 이미 목사가 아니다. 사탄의 역사는 강력해지는데 주님의 종들은 점점 허약해지고 무기력하니 어쩔꼬~!!! 사탄은 지금 교회를 복지기관으로, 목사를 직장인으로 둔갑시키고 있음을 누가 알까?

> 내가 너희에게 분부한 모든 것을 가르쳐 지키게 하라 볼지어다 내가 세상 끝 날까지 너희와 항상 함께 있으리라 하시니라 (마 28:20).

**종교 다원주의로 전환하라고 한다**

지금 세상은 기독교의 유일 신앙을 버리고 다른 종교에도 구원이 있다고 인정하라는 것이다. 심지어 토속 신앙 미신, 무당 점쟁이 세계에도 구원이 있다는 것이다. 이것은 예수님을 배신하라는 소리와 같다.

자주 말하게 되지만 종교 다원주의(혼합주의) 사상은 앞으로 우리 기독교를 상당히 무너뜨리는 사탄의 도구가 될 것이다. 신학교의 학생들이 그런 사상에 물들어 전도사, 목사가 되는 것이 현실이다. 남은 교회라도 지켜야 하는데 큰일이다.

**교회를 평등법 아래 두려고 한다**

세상은 지금 온통 평등권, 평등주의를 따라가고 있다. 평등법을 요구하는 것도 같은 맥락이다. 인권이나 남녀 평등을 넘어 이제는 모든 생물의 평등을 말한다. 살아 움직이는 모든 것은 평등하다는 논리가 힘을 얻고 있다. 이제는 사람과 짐승의 경계가 없어지는 중이다. 강아지는 내 아들딸이요, 호적에 올리고 유산을 상속하는 시대가 지금의 현실이다. 개를 개라고 했다가는 욕을 먹는 세상이 되었다.

**모든 종교는 평등법 아래 모이게 될 것이다.**

천주교, WCC(세계교회협의회), WEA(세계 복음주의협회), NCCK(한국기독교교회협의회), 이들은 벌써 서로 연합하고 하나가 되어 활동하고 있다. 이들은 교회 연합을 추구한다고 하지만, 실은 종교 다원주의(혼합주의)로 가고 있다. 다원주의는 공산주의, 평등론과 아주 쉽게 연합한다. 그리고 평등법을 울타리로 하여 발전하고 확대될 것이다.

이 평등법 아래에는 기독교, 천주교, 이슬람, 공산주의, 동성애, 성평등, 다양한 성적 취향과 동물까지 다 들어올 수가 있다. 우열이 없고 차별이 없는 세상, 그것이 바로 평등한 세상이요, 그런 세상을 이루기 위해서는 평등법을 만들어 실천하는 것이라고 믿는다. 말로만 들으면 이 평등한 세상은 낙원 같아 보인다. 그러나 실은 정반대요, 구별이 사라진 혼돈의 시대를 여는 것이다. 그 이유를 앞으로 계속 말하게 될 것이다.

# Chapter 06
# 공산, 사회주의로 가는 길(1)

공산주의와 사회주의는 다르지 않다. 이들은 늘 함께 움직이고 공통의 목적을 향해 달리는 한 팀이다. 이들의 공통점은 반민주주의요, 개인의 자유와 정당한 능력의 차이와 그로 인해 얻는 결과를 무시하고, 강제적 평등을 만드는 독재이기 때문이다. 북한 자신도 자신들의 체제를 사회주의 공화국이라고 부르지 않는가? 이제 공산주의와 사회주의는 동의어이다. 공산, 사회주의 전문가 "솔 알렌스키"는 사회주의를 만들려면 8가지 방법으로 통제하라고 강조했다.

### 의료 서비스를 통제하라

먹는 것, 입는 것, 사는 곳, 그리고 중요한 것은? 의료 혜택이다. 병원 가는 것을 통제하라. 진찰, 약품, 검진, 치료 등….

우한 폐렴(코로나19) 초기 당시 정부는 방심하고 여유 부리면서 중국발 입국자를 금지하라는 의사협회의 여러 차례 충고와 건의에도 끝내 들은 체도 안 했다. 막상 역병이 확산하니 조치한 것이 국민을 통제한 것뿐이다. 마스크 하나 사는데 2시간이나 기다려야 하고 신분증 없으면 못 사고 그것도 일주일에 한 번, 한두 장….

그래도 역병 확산을 막지 못하자 당시 박00 보건복지부 장관은 중국이 아니라 우리 국민이 문제라고, 헛소리를 해 댔다. 코로나 확산을 국민의 탓으로 돌린 것이다.

코로나 팬데믹(Pandemic : 감염병 범유행)은 통제하는 사회를 만들기 딱 좋은 실험장이었다. 이것을 보면서 종북 세력들은 얼마나 신이 났을까? 코로나 핑계로 사회주의 실험장을 만들고 국민의 반응을 보면서 그 가능성을 가늠해 보았으리라.

그렇지 않아도 역병과 불경기로 인해 힘들어하는 국민을 통제함으로써 자영업은 초토화됐고, 백신을 강제적으로 접종하게 하고, 접종하지 않은 사람은 식당에 들어가 밥도 못 먹게 했다.

그래도 잘했다고 자화자찬하며 국제적 방역 모델이 되었다고 떠들었으니, 저들의 정신세계는 우리와 다른 게 분명하다.

## 빈곤 수준을 높이라

부자보다는 가난한 자를 통제하기가 쉽다. 없는 자는 작은 선물이라도 주면, 말을 잘 듣는다. 그래서 그들은 가난한 서민들을 위하는 척한다. 그래서 사회주의 정권은 나눠주는 선심 정책을 심하게 사용하고, 공짜 좋아하는 국민은 낚싯밥 무는 꼴이 되는 것이다.

예를 들면, 2021년 다음 대선을 겨냥해서 대권 후보군에 드는 자들은 나랏돈을 퍼주는 공약을 남발하였다. A 후보는 기본소득 보장, 대학 안 가는 사람은 1,000만 원 여행비를 주자. B 후보는 군 전역자에게 3천만 원,

C 후보는 사회 초년생에게 1억 원, D 후보는 20세 때 6천만 원, E 후보는 60~90세까지 연금 6억 원 보장, F 후보는 직업이 없는 청년들에게 월 50만~100만 원씩 용돈을 주자고 하였다.

이들은 할 줄 아는 게 경쟁하듯 나랏돈을 퍼주는 것뿐이다. 온통 나랏돈으로 도배를 하고 있다. 이대로 간다면 나라 곳간은 텅 비고 국가가 부도가 날 지경이다. 국민을 사랑해서? 글쎄다.

남미의 대표적 산유국 베네수엘라는 온 세상에 교훈을 주고 있는데, 그들이 부도난 사태는 간단하다. 사회주의를 추구하며 마구 퍼준 결과다. 원유 생산량이 세계 3~4위를 자랑하는 나라였지만, 마구 퍼주고 낭비하는 데는 장사가 없는 것이다.

그들이 퍼주고 있던 시절 우리나라에서는 베네수엘라를 배워야 한다는 방송이나 분위기 조성도 상당했다. 그대로 따라 했다가는 똑같은 거지꼴이 되는데도 말이다. 다시 말한다. 공산, 사회주의 사상은 실패한 사상이다. 국제 사회가 증명해 주고 있지 않은가?

코로나가 창궐하던 때 국민이 죽어 나가는데도 백신 개발은 시도조차 하지 않았다. 다른 나라처럼 백신 개발을 했더라면 그 부가가치는 엄청났을 것이다. 그런데 전 국민에게 생활 지원금만 여러 차례 지급했다. 결국 나랏빚은 5년 사이 400조 원이나 늘었다. 모두 다 국민이 갚아야 할 텐데 어리석은 국민은 거기까지 생각지 않는다.

선별적 복지, 즉 영세민, 독거노인, 심한 장애인을 돕는 것이야 당연하지만, 건강한 국민은 성실히 일하며 사는 것이 정상이다. 당신은 열심히 일하여 당당하게 잘 살 것인가? 아니면 주는 배급이나 바라보며 살 것인가?

### 부채를 증가시켜라

자본가를 제거하고 잘 사는 자들의 재산을 몰수하고 감당하기 어려울 정도로 국가부채를 늘려라. 그런 이유로 국가 세금을 올려서 국민을 더 가난하게 하라. 이것이 공산, 사회주의를 만드는 지름길이다.

이런 사회주의 성향이 강한 정권이 들어서면 불안을 느낀 기업의 자본이 외국으로 엄청나게 빠져나간다. 물론 외국 자본은 더 빠르게 빠진다. 그래도 사회주의 정부는 상관 안 한다. 각종 세금을 증가하면 되고, 부동산 보유세는 감당하기 어려울 정도로 부과하면 된다. 그래야 세금이 무서워서 부동산을 소유하려는 노력을 그만둘 것이기 때문이다. 특히 사업가들의 유산 상속세는 거의 살인적이다. 상속세를 내느니 차라리 상속을 포기하는 게 낫다.

정치 인사들은 이상한 게 한둘이 아니다. 국가 경제가 흑자로 돌아서면 나랏빚을 갚는데 쓰지 않는다. 오히려 나랏빚이 늘어나는 것을 당연히 여기고 그런 소비 정책만을 펴 나간다.

그들은 국가 부도가 날 정도로 부채를 늘리면서 나눠줄 것이다. 결국 배급도 중단되고 국민은 북한 인민처럼 피골이 상접하게 되는 것이다. 그래서 살기 힘든 중국이 경제만큼은 자유시장 경제로 전환하게 된 것이다.

대표적인 사회주의 북한은 먹는 게 없으니, 영양실조가 심각하고 키도 너무 작아서 137cm 이상이면 군대 가야 한다. 그 정도라면 우리나라 초등학생 3~4학년 수준의 키다.

그럼에도 공산당은 인민들의 자유시장 경제 활동을 금지하고 있다. 국민은 그냥 두면 열심히 일하여 잘 살아가게 될 텐데, 국민이 잘 먹고 잘살면 국민은 말을 안 듣고 공산, 사회주의 유지가 어렵기 때문에 자유 시장경제를 허용할 수가 없는 것이다. 이제 우리나라 국가부채는 총 1,100조가 넘었다. 건국 이래 최악이다. 산더미 같은 빚에다가 경제 상황은? 그들은 국가부채를 증가시키고 국민 생활 수준을 하향으로 평준화시켜야 자신들이 지배한다는 것을 잘 아는 자들이다.

### 총기를 규제하라

대 정부 무력 저항을 못 하도록 하기 위함이다. 우리나라는 이런 면에서 총기 규제가 심하고 구하기도 어려워 총기 규제는 어려움이 없다. 서양의 경우 총기 사용이 쉬워서 국민의 강력한 무력 저항이 가능하다. 이들은 의식 있는 인사나 정의를 외치는 사람들 혹은 반 공산 운동을 하며 투쟁하는 자들을 싹부터 없애려고 혈안이 될 것이다. 각종 협박과 회유, 모함이나 누명 등 못 할 짓이 없다. 친일파보다 더하면 더 했지 덜 하지는 않을 것이다. 그렇게 해서 경찰국가로 만드는 것이다. 시위 진압이나 국민을 통제하는데 경찰의 권한을 강화한다. 감시와 통제 사회를 만들게 된다. 완장 찬 공안원이 살판나는 세상이다. 좌파 정부 시절 만들어 놓은 "주민자치위원회"라는 것도 눈을 크게 뜨고 잘 살펴보아야 한다. 자칫하면 종북, 주사파들의 풀뿌리 조직(인민위원회)으로 이용될 수 있기 때문이다.

### 의·식·주 문제를 통제하라

이들은 사회주의 혁명을 위하여 의·식·주 모든 분야를 쥐고 통제한다. 그래서 따를 수밖에 없다. 옷, 음식, 집을 통제하고, 부동산 매매 허가제, 주거 허가제, 여행 허가제 등….

헌법에서 보장된 언론, 출판, 집회, 결사의 자유가 무시 되고 점점 자유가 없는 통제 사회로 만든다. 눈치 못 채게 아주 서서히 말이다. 국민의 기본권을 통제하고 자유가 없으면 개, 돼지나 다를 바 없다.

## 언론(문화)을 통제하라

특히 신문, 출판, 방송국(TV, 라디오), 잡지, 인터넷, 유튜브 방송 등 모든 언론을 통제하면서 정부의 하수인으로 만든다. 정부의 선전 매체로 전락한다. 그러면 국민은 눈, 코, 입, 귀가 막힌 창살에서 살게 되는 것이다. 눈과 귀를 막아 버리면 국민은 개, 돼지가 되는 것이다. 언론을 통제하면 사회주의는 90% 완성이라 할 수 있다. 나머지 10%는 기독교의 몫으로 남은 것이다. 이 땅에 기독교가 없다면 대한민국은 벌써 공산, 사회주의가 되어 버렸을 것이다.

북한에서는 남한의 드라마, 영화만 시청해도 감옥이요 처형을 당한다. 남한의 드라마, 영화를 USB에 담아 시청했다는 이유로, 북한의 여학생 30여 명이 처형당했다는 보도가 2024년 7월 초 일간지(조선일보)에 보도 되었다. 드라마 영화를 본다고 죽임을 당하는 세상이 바로 사회주의 북한이다. TV 방송도 공산당이 보여주는 것만 보아야 되고, 신문도 잡지도 그렇다. 다른 외부의 것을 보면 안 된다. 왜 그들의 거짓이 들통나니까…

이런 북한을 두둔하고 찬양하는 종북 세력이 그대 눈에는 안 보이는가?

## 종교 단체나 학교에서 하나님을 향한 믿음을 갖지 못하게 하라

공산, 사회주의 주적은 종교다. 그 여러 종교 중에 주적은 기독교라고 할 정도로 기독교는 자본주의 앞잡이요 사회주의 원수이다. 기독교가 있는 한 그곳에서는 공산, 사회주의가 꽃을 피울 수 없다. 다른 종교도 있지만 유독 목사만 고발하고 잡아넣는 이유가 바로 그런 이유이다.

그래서 북한의 김일성이 집권하자마자 북한의 2,300개나 넘는, 모든 교회를 제거 해 버렸다. 일제하에서도 교회의 숫자는 늘어났는데, 공산당이 집권하니 다 사라진 것이다. 그래서 반공정신이 가득한 기독교인이 늘어나야 나라가 보존되는 것이다. 1948년 나라를 건국할 때도 반공정신으로 무장한 이승만 같은 기독교인들이 앞장서서 자유대한을 건국했기에 오늘이 있는 것이다. 기독교의 애국정신이 이 나라를 지탱하고 있다고 해도 과언이 아니다.

## 민중(民衆)을 분열시켜라

백성이 하나 되지 못하게 하는 것이다. 갈등을 부추기고 각 계층이 하나 되지 못하게 하고 경쟁을 심화시키는 것이다. 정치 갈등, 계급 갈등, 노사 갈등, 빈부 갈등, 남녀 갈등, 부부 갈등, 동성애와 이성애자들의 갈등, 교사와 학생과의 갈등, 자본가와 노동자의 갈등…. 기업주와 근로자가 서로 협력하고 돕는 관계가 아니라, 적대 관계로 부각해 다툼이나 파업을 유도한다. 노사 갈등이 심하면 그 업체의 생산력이 떨어지고 경쟁력이 떨어지고 사라질 수도 있다.

그래서 이들은 자본가를 혐오하게 만들고 근로자들을 노동자로 호칭하면서 피해 의식을 심어 준다. 그래서 이들은 자신들의 생명줄과 같은 직장을 파괴하고 파업으로 엄청난 손해를 끼치고도 아무런 책임도 지지 않는다.

민노총이 그런 식의 시위와 파업에 앞장서고 있지만, 어느 누가 감히 민노총을 건드리랴! 그래서 이런 강성 노조가 판을 치니 외국 기업의 한국 유치가 어렵고, 있던 기업들도 떠나는 것이다.

얼마 전 민노총 간부 중에서 간첩 활동을 한 자들이 4명이나 검거되었고 전교조 안에서도 간첩과 접선한 자들이 있었다. 빙산의 일각일 것이다. 이런 노동계와 교육계를 바로 잡을 정부가 나온다면, 이 나라 산업계와 교육계는 더욱 발전하고 장래가 밝으리라!

# Chapter 07
## 공산, 사회주의로 가는 길(2)

거짓 선지자들을 삼가라 양의 옷을 입고 너희에게 나아오나 속에는 노략질하는 이리라 그들의 열매로 그들을 알지니 가시나무에서 포도를, 또는 엉겅퀴에서 무화과를 따겠느냐 이와 같이 좋은 나무마다 아름다운 열매를 맺고 못된 나무가 나쁜 열매를 맺나니 좋은 나무가 나쁜 열매를 맺을 수 없고 못된 나무가 아름다운 열매를 맺을 수 없느니라 아름다운 열매를 맺지 아니하는 나무마다 찍혀 불에 던져지느니라 (마 7:15-19).

나무도 좋고 열매도 좋다 하든지 나무도 좋지 않고 열매도 좋지 않다 하든지 하라 그 열매로 나무를 아느니라 (마 12:33).

이 나라 대한민국은 북한이 있는 한 안전할 수가 없고 평화가 없다. 지난 정부 모(某) 대통령은 중국에 갈 때마다 어떤 약속을 하고 왔는데, 한미일 군사동맹을 외면 하고, 사드 미사일은 더 이상 배치를 안 하고, 미국이 주도하는 인도 태평양 군사 작전에 동참하지 않겠다고 약속했다.

두 번째는 중국이 꾸는 꿈을 함께 꾸겠다고 했다. 중국의 꿈은 무엇인가? 주변국을 중국의 손아귀에 넣고, 주인 노릇을 하려는 것인데, 이런 중국의 꿈에 동참하겠다니 기가 막히다. 주변 영해를 맘대로 정해 놓고 주변 국가를 위협하는 게 중국이 아니던가?

세 번째는 중국과 운명을 함께 하겠다고 약속했다. 죽고 사는 것을 함께 하겠다는 것이다. 누구 맘대로 이 나라 이 백성을 중국의 운명과 함께하게 하는가? 우한 폐렴이 시작된 발원지가 중국이지만 그들은 끝내 국제 사회에 사과 한마디 없이 오히려 뻔뻔한 자들인데 운명을 함께 한다니!

베트남에 갔을 때는 월남을 공산화한 호찌민을 치켜세우며, 그 통치력을 배우고 싶다고 했고, 자서전 "운명"이라는 책에서는 월남전에서 미국이 패할 것이라고 예견한 어떤 책을 읽으면서 희열을 느꼈다고 써 놓았다. 베트남(당시 월남)은 6·25 때 자신들도 어려운 때에 대한민국에 물자를 지원해 준 고마운 나라이다. 그런데도 그런 나라가 패전하여 공산화된 것이 그렇게 기뻤다는 말인가?

저명한 어느 변호사는 모(某) 대통령을 간첩으로 보는 100가지 이유를 대면서, 출판사를 통해 "대통령이 된 간첩"이라는 제목의 책을 발간하기도 하였다. 저자는 이 책에서 그가 "간첩이 아니라면 그의 통치 행위는 도저히 이해할 수가 없다."라고 말하면서, 틀린 부분이 있다면 고소하라며 당당하게 책을 출간하였다. 이 책은 시중에서 쉽게 구할 수 있을 것이다.

**이 땅을 공산화하려는 그 몇 가지 징조를 짚어보자.**

### 토지 공개념이다

토지를 국가가 소유해야 한다는 것이다(사유재산 금지). 추00 씨가 00당 대표로 있을 때 한 말인데, 이00 의원도 2020년 2월 6일에 4.15 총선 이후에, "토지 공개념" 등 사회주의 가치가 포함된 개헌 작업을 해야 한다고 공언했다. 그 외 여러 가지 정책을 말했는데….

**경자유전(耕者有田)** : 농지는 밭갈이하는 농민에게 주어야 한다는 것인데, 소작농 금지+상속금지+매매(분할)금지. 농지는 농사짓는 사람이 아니면 소유할 수 없다는 것이다.

소작도 안 되고, 상속도 안 되고, 농민이 아니면 매매 할 수 없게 하니, 상속도 할 수가 없고 팔고 싶어도 팔 수가 없는 정책이다. 농사짓는 사람들이 점점 줄어드는 우리나라 현실에는 맞지 않는 정책이기 때문이다. 결국 농민을 죽이는 법이 아닌가?

**경자유전!** 이 말은 일부 타당성 있어 보이지만 문제는 김일성이가 한 짓과 똑같다는 것이다. "토지는 밭갈이하는 농민에게 주겠다."라고 말하고 지주의 땅을 모두 빼앗아서 김일성이가 자기 소유로 만들어서, 단지 농민들에게는 진짜로 주는 게 아니라 농사 지으라고 허락해 주는 것이다. 소작료도 없이 농사지을 땅이 생겼으니 얼마나 좋을까? 그런데 집단 농장에서 뼈 빠지게 일하여 얻은 농산물은 다 거두어 가고 농민 모두에게 적은 양을 똑같이 배급했다. 배급을 받고 살다 보니 김일성만 바라보고 사는 목줄 잡힌 가축이 된 것이다.

사회주의의 가장 큰 수단 "경자유전", 보통 사람이 한 말이라면 농지를 이용한 투기꾼들을 근절하기 위한 정책이라고 넘어가겠지만 저들이 한 말이라면 문제가 다르다. 그런데도 다수의 국민은 뭘 모르고 조용하다. 도둑 맞으려면 개도 안 짖는다고 하는 데 망할 징조다.

### 부동산 거래 허가제다

공산사회에서는 부동산을 맘대로 사고팔 수가 없다. 매매 단계에서 개인의 이득을 막아야 하기 때문이다.

좌파 정부 시절, 청와대 모(某) 정무수석은 말하기를, "앞으로는 부동산 매매 허가제를 도입해야 할 것이다."라고 했다. 즉 내 재산을 팔고 사는 일을 하려면 국가의 허락을 받고서야 가능하다는 말이다. 그린벨트를 두고 한 말이라면 이해되지만, 그 외의 것들을 매매 허가제하에 두는 것은 개인 재산권 침해로써 위헌이다. 이들은 이런 위헌적인 발상을 자주 발표했고 개헌 작업을 그렇게 서둘러 밀어붙이려고 했다. 상대의 사상을 알면 그 언행의 의도가 무엇인지 보이는데, 우리는 학연, 지연, 혈연으로 눈이 먼 세상이니, 사상은 문제 삼지 않는다.

## 국민이 살 주거지를 국가가 지정해 준다

**주거지 제한** : 공산주의 땅에는 주거의 자유가 없다. 정부가 살 곳을 정해주면 그 집에 가서 사는 것이다. 허락 없이 맘대로 이사 갈 수도 없게 하는 것이다. 이런 발상까지 드러낸 사실을 아는 사람이 얼마나 될지 한숨만 난다. 국민이 하는 모든 일은 당의 허락을 받아야 하는 사회가 바로 공산, 사회주의이다. 내가 살 동네나 건물을 내가 정하는 게 아니라 국가가 정해주고 맘대로 이사도 못 하게 하는 것, 그게 바로 공산, 사회주의다. 이들이 무엇을 하는지 관심이 없다면 당신의 자유는 곧 사라질 것이다. 그 사람의 사상을 알면 보인다니까!!!!

## 종교 억압이다(기독교 무력화)

공산화로 가는 길에 가장 걸림돌이 되는 것은 기독교이다. 불교, 천주교도 있지만 그들의 저항력은 기독교에 비하면 별 볼 일 없다.

좌파 정부 시절 많은 단체, 즉 노조, 전교조, 교육부, 언론, 사법부, 검찰, 군대, 사회단체 등은 거의 다 주물렀다. 그런데, 기독교만 말을 듣지 않는 것이다. 광화문에서 수년간 집회를 하면서, 반공, 반주사파를 외치고 있는 주도 세력이 기독교 인사들이다.

그래서 00당 이00 의원이 "총선(2020년 4월 15일)이 끝나면 언론, 종교의 패권을 재편할 것이다."라고 발표해서 큰 충격을 주었다 (2020. 2. 6.).

이게 무슨 말인가? 종교까지 손을 대서 개편하겠다는 것인데, 특히 우리 기독교를 겨냥하면서 가만두지 않겠다는 의지를 강하게 보인 것이다. 당시 한기총 중심으로 돌아가고 있는 반공 세력의 확산세를 바꾸려고, 정확한 근거도 없이 교회발 코로나 확산이라는 분위기를 만들어 예배를 금지하고 통제했다.

예전엔 없던 교회 운영에 관한 전반적인 감사나, 혹은 가만두지 않을 것 같은 위협감으로 인해, 평소에 큰소리치며 자주 보이던 일부 유명한 대형 교회 목사들은 겁을 먹고 아주 조용했다. 양측의 충돌은 순교의 역사를 만들어 낼 것이 뻔하다. 그런 일은 벌써 시작된 것이다. 과거 어느 정권에서도 종교를 건드리지 않았다. 그런데도 기독교 각 교단에서는 성명서 하나 제대로 내놓지 않는다. 그리 많지도 않은 그리스도인들 중심으로 투쟁의 역사를 이어오다가 이제는 그마저도 내부 총질로 인해 어지럽다.

"아~ 대한민국이여~ 그대 안의 못다 핀 꽃들이 통곡할 땅이여~!"

### 자유를 제한한다

자유란? 인간의 기본권이다.

그런데 국민이 자유롭게 배우고 말하며 살게 한다면 공산화는 불가능하다. 그래서 통제하고 억압해야 한다. 모(某) 후보가 대통령이 되자마자 2018년, 개헌안을 급조해 만들었지만, 그 안에는 자유가 사라졌다. 실수로 빠졌다고 핑계를 댔지만 웃기는 소리다. 자유라는 가장 중요한 내용을 실수로 빠트린 것이라면, 그런 엉성한 자들에게 개헌의 작업을 맡겨서는 안 될 것이다.

저들이 가장 꺼리고 두려워하는 것이 바로, 국민이 자유롭게 생각하고 말하는 것이다. 그래서 이들은 자유를 빼버린 민주주의만을 외치는 것이다. 우리는 자유대한민국이라고 부르지만, 북한은 "조선민주주의인민공화국"이다. 웃기다. 공산, 사회주의 독재를 하면서 국호는 민주주의란다.

이들은 국민의 자유를 제한하면서도 자신들의 특권은 다 누리는 자들이다. 자본가를 격멸하면서, 자본주의 모든 혜택을 다 누리며 사는 자들이다. 그래서 그 재산이 서민들이 볼 때는 재벌 수준이다. 그런데도 이들은 평등하게 사는 사회민주주의를 말한다. 말장난이다. 반미를 외치면서도 자기 자식들은 미국에 유학을 보내고 동경하는 자기모순에 익숙한 자들이다. 공산당 지도부들이야말로 빈부 격차가 아주 심하다. 당 간부들은 호화 생활을 하면서 인민들은 거지 같은 생활을 하게 한다. 공산, 사회주의야말로 결코 평등한 사회가 아니다.

김정일, 김정은이가 한 끼에 먹어 치우는 식사비가 인민 한 사람의 300년 치에 해당한다고 한다(이호 목사 역사 강의 중). 산해진미에 최고급 양주 술 한 병이 1억짜리이면 서민들 자장면 하루 세 끼로 계산하면 15년 치가 넘는다. 서민들과 공산당원들의 빈부 격차는 천지 차이다. 그래서 평양은 장애인이나 일반 서민들이 살 수가 없는 고위계층이 사는 곳이다. 방문하려면 여러 단계를 거쳐 통행증을 받아야 한다.

지독한 계급사회, 그것이 바로 공산, 사회주의이다. 그런데도 평등사회요 자유로운 땅이라고 우긴다. 계급을 없애고 평등사회를 건설하겠다는 이 자들의 뻔뻔한 거짓 된 행동은 말문이 막힐 정도이다.

### 국민의 자유를 제한한다

현 헌법이 보장한 국민의 자유는? 언론의 자유, 출판의 자유, 집회의 자유, 결사의 자유, 주거의 자유, 여행의 자유, 사생활의 자유, 행복할 자유 등이다. 사회주의에서는 이런 자유가 제한된다. 그래도 좋다는 사람들은 북으로 보내면 된다.

이승만 대통령은 공산사회를 동경하는 빨갱이들을 모아서 95,000명을 열차에 실어 보내주고, 남은 자들을 색출하여 엄벌하였다. 우리도 보내 버리자. 북에서 수령님 모시고 옥수수죽이나 실컷 먹는 행복을 누리라고 말이다.

### 시장경제를 제한한다

국민이 경제 활동을 하는 일에 일일이 정부가 간섭하고 제한하는 것이다. 저들은 주 52시간 근로 제한법을 만들었다. 이것은 국민의 일할 권리를 제한하는 법이다. 월급 많이 받고 52시간만 일하는 근로자들이야 환영하겠지만, 일주일에 52시간이 아니라, 60시간이나 70시간이라도 일해야만 사는 사람도 있다. 그런데 52시간 이상 일을 하면 고용주나 고용인이나 범법 행위가 된다. 추가 수당이라도 더 벌어서 살아야 하는 사람들이 있는데 못 하게 한다. 자본가나 근로자의 자유로운 경제 활동을 제한함으로써 더 잘 살 수 있는 길을 가로막은 것이다.

### 동일 임금제이다

얼마를 받던지 그것은 사용자와 피사용자 간에 결정할 일이다. 고용주와 근로자 간에 계약하고 결정할 일이다. 월급이 맘에 들면 일하고 맘에 안 들면 안 하는 게 자유 민주사회이다. 그런데 그것을 정부에서 일괄적으로 정해 주는 것이다. 동종업종 동일 임금이다. 예를 들어 자동차를 만드는 공장의 월급은 100만 원으로 정해 놓는다. 그러면 모든 자동차 공장의 모든 근로자 월급은 100만 원을 주어야 한다. 식당 종업원들의 월급을 정부에서 200만 원으로 정하면, 모든 식당업주는 그 금액에 맞추어 주어야 한다. 직급에 상관없이, 과장 월급이나 부장 월급이나 말단 사원이나 똑같이 말이다. 이것을 평등사회 또는 차별 없는 사회주의라고 우기는 것이다. 거기에는 심각한 문제가 있다. 직급에 상관없이 잘하는 자와 못 하는 자, 초급자와 숙련자의 구별이 없이 무작위로 똑같이 취급함으로써 열심히 일하는 개인의 능력을 발휘할 의욕을 완전히 꺾어 놓은 것이다.

그래서 공산주의 사회는 발전이 없는 것이다. 능력에 따라 직급에 따라 숙련도에 따라 상응한 대우를 해주는 것이 공정한 것이다. 그것이 이치에 맞고 사회 발전에 유익한데 말이다. 그래서 공산사회는 발전할 수가 없다. 이론과 실체가 다르기 때문이다.

### 모든 업체를 정부가 소유하는 것이다

사기업을 그냥 두고서는 온전한 사회주의를 만들 수가 없기 때문이다. 모든 기업체가 국가 소유가 되면 지휘하기가 쉽다. 사장이나 대표 격 되는 사람들은 모두 국가에서 임명하고 입사나 승진도 정부에서 주도한다. 혹 사기업이 있다고 해도 공기업의 기준을 적용하여 다스릴 뿐이다. 이것이 바로 이들이 말하는 전체주의 실체이다.

### 공산주의자들을 요직에 앉히는 것이다

특히 정치권은 이념이 같은 자들끼리 모이는 성향이 강하다. 일부 종북 주사파 성향이 짙은 자들이 정치권에 있고, 반미 활동과 보안법 폐지를 주장하는 자들이 있다는 것은 다 안다. 그들이 집권한다면 장관이나 요직에 누구를 앉힐까?

신영복 간첩(통일혁명당 주범 격 : 무기징역, 20년 복역, 거짓 전향서 쓰고 출옥)을 존경하고, 윤이상(독일에서 음악가로 활동한 간첩)을 존경하다 못해, 독일에 있는 그의 무덤에까지 가서 헌화하고 기념식수를 했고, 그것도 모자라서 그의 유골을 수습하여 고향 산청에 이장하려 했으나, 지역민들이 반대하여 어쩔 수 없이 2018년 3월 30일 밤 10시경에 몰래 통영 해변에 무덤을 만들어 놓았다. 그리고 그의 추모식과 아울러 윤이상을 기리는 통영 국제음악회까지 열었다.

그리고 지난 2019년 8.15 기념식에서, 6·25 전범인 김원봉을 우리나라 국군 유공자라고 추켜세웠다. 김원봉은 항일 의열단을 이끈 인물이기는 하나 해방 후 김일성을 도와 전쟁을 일으킨 6.25 전쟁의 3대 전범(김일성,

박헌영, 김원봉) 중의 한 사람이요, 우리 국군과 백성들을 무참히 죽인 원수요 주적이다. 이런 자들을 의심한다면 지나친 것인가? 이들이 있는 한, 우리의 불안감은 떨칠 수가 없다. 그래도 이 나라가 유지되고 있는 것은 전적으로 주님의 은혜이지만, 그 은혜가 언제까지 이어질까?

## 공산국가와 동맹을 맺는다

저들은 일본에 강제노역과 위안부 할머니들을 앞세워 사과와 적절한 보상을 받아야 한다고 우기면서 북한이나 중국에는 보상 요구를 하지 않는다. 현재 한반도가 분단된 것은 중국 개입 때문이다. 중국은 6·25 때 북한을 도와 100만 대군을 투입해서, 유엔군은 물론 우리 국군과 민간인들을 죽이고 재산을 파괴했다. 이들의 개입이 없었다면 한반도는 북한이 사라진 통일국가가 되어 있을 것이다.

6·25 전쟁으로 인한 각종 피해보상은 일본에만 아니라 북한과 중국에도 청구해야 한다. 북한은 몇 년 전에 개성에 있는 우리 측 연락 사무소와 지원센터를 한순간에 폭파했다. 피해액이 무려 700억이 넘는다. 피해보상을 요구하기는커녕 다시 지으면 된다는 반응이었다.

그런데 우리는 일본에만 피해보상을 요구하고 있다. 우리나라 입장에서는 진정성이 의심스럽지만 그래도 일본은 그동안 일왕 또는 총리 차원의 유감이나 사과성 발언을 여러 차례 했고, 충분하지는 않지만 1965년에 수억 달러의 보상비도 내놓았다.

그러나 북한이나 중국은 그동안 단 한 번도 그들의 만행에 대한 보상은커녕 사과 한마디 없다. 그런데도 저들은 오히려 북한에 대한 지원을 아끼지 않고 중국에는 저자세로 일관한다. 이쯤 되면 이들은 우리와 같은 국가관을 갖지 않은 것이 확실하다.

다행히도 반공정신으로 무장 된 윤석열 대통령이 당선되었다. 이후 차기 대통령은 또 누가 될는지, 종북 인사나, 사회주의 노선을 따르는 자가 된다면…. 아~ 잠이 안 온다.

## 애국심을 없애 버리는 것이다

애국심을 없애는 방법은?

### 교육 현장의 장악이다

지금 학교에서는 반미를 외치며 친북 사상을 가르치는 좌익 교사들이 판을 친다. 특히 역사 교과서를 주도하고 국정 교과서를 채용하는 학교는 한두 개 정도라고 하는데, 그것도 좌익의 표적이 되어 가만두지 않는다. 참교육이라는 표어를 내세워 시작한 전교조가 시끄러운 이유는 다 안다. 한때 10만 명의 회원을 거느렸지만, 다행히도 이제는 많이 줄었다고 하는데, 아예 없어지는 날도 기대해 본다.

1948년 8월 15일 건국을 부정하는 자들은 대한민국의 정통성을 훼손하면서 오히려 상해 임시정부를 건국으로 본다. 말이 안 된다. 건국을 남의 나라 땅에서 몇 명이 모여 조직하는 게 건국인가? 웃기는 소리다. 그 독립정신이야 높이 살만하지만, 건국이라는 말은 어불성설이다.

건국의 3요소가 있다. 국토, 국민, 주권이다. 어느 것 하나 갖추지 못했는데 무슨 건국인가? 나라의 독립을 열망한 애국지사들이 국민도 모르게 만들어 난립한 임시정부는 8개나 되는 사조직이었다. 그럼에도 이들이 임시정부를 강조하고 앞세우는 이유는? 첫째 1948년 대한민국의 건국을 부정하고, 북한의 정통성을 부각하려는 것이다. 둘째 상해 임시정부에는 항일정신만 있고, 반공정신이 없다는 사실이다. 반공정신이 없는 좌우 합작 임시정부였다. 셋째 이승만의 반공을 기본으로 세운 건국 정신인 자유민주주의(반공), 자유 시장경제, 한미동맹, 기독교 입국론을 제거하는 것이다.

### 태극기를 바꾸는 것이다

이들이 애국심을 없애는 방법으로는 태극기를 바꾸거나 변형시키는 것이다. 각 나라의 국기는 국민의 애국심을 고취하며, 일치단결의 효과를 불러일으킨다.

그런데 어떤 이들은 벌써 남북 합작 통일 국기(남한의 태극기+북한의 인공기)를 만들어 내놓았다. 일명 '태성기'라고 한다. 이들이 이 태극기도 바꾸어야 한다고 하는 이유는 여러 이유가 있지만 그중에 태극기를 만든 박영효가 친일 행적이 있기 때문이란다.

- 태성기 -

그러면 친북 행위는 왜 걸러내지 않는가? 친일이 문제라면 친북 행위도 나라를 북에 바치는 매국 행위다. 이런 자들을 엄히 다스려야 하는데, 이상하게도 국가보안법이 있으면서도 써먹지를 않는다. 이적 행위가 분명한데도 말이다. 그만큼 대북 경계심이나 반공정신이 무너졌기 때문이다.

### 애국가를 바꾸는 것이다

애국가는 안익태 씨가 작곡하고 윤치호씨가 작사했다. 애국가란 태극기와 같이 국민에게 애국심을 불러일으키는 아주 중요한 역할을 한다. 한 번 정하고 온 국민에게 사랑을 받아온 애국가를 바꾸는 나라가 있던가? 그런데 이 애국가를 바꾸어 버리려는 것이다. 바꾼다면 저들의 입맛에 맞는 곡조와 가사로 바꿀 것은 보나 마나이다.

박영효, 윤치호, 안익태의 공통점이 하나 있다. 이 세 사람이 다 기독교인이라는 사실이다. 기독교 정신이 태극기와 애국가에 들어 있다. "하나님이 보우하사 우리나라 만세~" 기독교인이 아니면 이런 가사가 나오지 않는다. 이 노래는 이미 1907년도 교회 찬미가에 있었다. 그 가사를 애국가로 정하면서 하나님을 하느님이라고 고친 것뿐이다. 이런 사실을 놓고 보면 애국지사들의 대부분이 기독교인이다. 그래서 종북 주사파들이 기독교인을 가장 싫어하는 것이다.

이들은 이승만 대통령도 아주 큰 원수로 여기는데, 그 역시 기독교 장로요, 강력한 반공 인사이기 때문이다. 그 어디를 보아도 다 기독교 인사들이 포진되어 있으니, 기독교인들이 원수가 아닐 수가 없는 것이다. 그래서 어떻게 해서든지 제거하려는 것이다. 당시나 지금이나 애국, 반공 운동을 하는데 앞장서는 사람들은 대부분 70~80%가 기독교인이다. 그리스도인이여 일어나라! 그대는 대한민국 주인이다!

　이 나라는 지금 공산화로 가고 있다. 북한의 대남 적화 전략은 단 한 순간도 중단된 적이 없다. 남북한의 정상이 만나고 웃으며 사진을 찍고 평화가 온 것처럼 말한다 해도, 북한의 적화통일 야욕은 지속된다. 김대중 대통령과 김정일이 만나서 6.15 선언하고, 국제 사회의 인정을 받아 노벨평화상까지 받았다. 당시 북한의 핵 개발 의혹이 커지자, 김대중 대통령은, "북한은 핵을 개발할 능력도 없고 핵을 개발한다면 내가 책임지겠다!"라고 큰 소리를 쳤지만, 책임은 커녕 지금은 죽고 없다. 그러나 북한은 그 시간에도 핵 개발을 하고 있었고 철저하게 우리와 국제 사회를 속였다. 그 결과 우리는 핵 위협을 받으며 불안하게 살아야 하는 신세가 된 것이다. 어느 정치 평론가가 하는 말이 잊혀지지 않는다. "지금 이 나라는 통일만 안 되었을 뿐이지 이미 적화된 상태다."라고….

　그런데도 다수의 국민은 눈뜬 소경과 같다. 참으로 한심하고 통탄할 일이다. 북한 집단에게 6.25 침략을 당하고, 수많은 간첩과 대남 공작으로 엄청난 재산과 인명 피해를 보았음에도, 이 백성들은 반공정신, 대북 경계 의식이 사라지고 있으니 이상한 일이다.

　일부 소수의 애국지사가 반공, 멸공을 외치지만, 무관심 또는 온갖 협박과 비난을 받는다. 누군가 "역사를 통해 배우지 못하는 민족은 희망이 없다!"라고 했다. 맞는 말이다. 특히 건국의 역사와 그 정신을 모른다면 말이다. 그래서 교회도 위험해진 것이다. 일부 기독교인들은 골방에서 기도하고 성경만 보면 되는 줄 안다. 르비딤 골짜기에서 아말렉 군사와 싸울 때, 산에서 기도한 모세만 보기 때문이다. 전선에 나가서 목숨 걸고 싸운 여호수아와 군병들은 보이지 않는 것이다. 약속된 땅, 가나안을 골방의 기도로 얻었는가? 아니다. 피비린내 나는 전쟁 7년, 잔당 제거까지 걸린 시간을 합하면 총 16년의 긴 싸움 끝에 얻어 낸 것이다. 알겠는가?

다윗은 평생 전쟁하며 백전백승의 역사를 이루었는데 모두 하나님의 도우심이었다. 그의 충성스러운 부하들, 요압 장군, 아브넬, 아사헬, 우리야 같은 장수들은 국가를 위해 늘 전장에서 살았다. 기도의 골방과 아울러 필드(Field)의 전사도 있어야 하는 것이다. 하나님의 역사는 정치 현장이나 전쟁터에도 있는 것이다. 골방에서 기도만 하는 당신! 모세와 같은 심정으로 기도해야 할 것이다. 여호수아와 같은 전사들이 이기게 해 달라고 말이다. 그리고 최소한 전방에서 싸우는 장수들을 비난하지는 말라. 그들이 승리해야 당신도 살기 때문이다.

# Chapter 08
# 공산주의 통치법은 악마의 수법이다

너희는 너희 아비 마귀에게서 났으니 너희 아비의 욕심대로 너희도 행하고자 하느니라 그는 처음부터 살인한 자요 진리가 그 속에 없으므로 진리에 서지 못하고 거짓을 말할 때마다 제 것으로 말하나니 이는 그가 거짓말쟁이요 거짓의 아비가 되었음이라 (요 8:44).

## * 블라디미르 레닌(Vladimir Renin)의 어록

레닌이 남긴 어록은 공산주의자들의 지침이며, 살아가는 수단이다. 그것은 지금도 한 나라나 개인에 국한되지 않고, 이리저리 돌아다니며 사람을 죽이는 망령이 되어, 지금도 이 땅에 활개 치고 있다.

마음에서 나오는 것은 악한 생각과 살인과 간음과 음란과 도둑질과 거짓 증언과 비방이니… 이런 것들이 사람을 더럽게 하는 것이요… (마 15:19-20).

공산당을 들여다보면 이 말씀이 딱 맞는다. 이들이 생각하는 모든 것은 음탕하고 거짓되고 사납다. 레닌의 통치 수법은 독재자의 사악함 그 자체이다. 그의 통치 수법을 보자.

### 인민들을 배고프게 만들어라

공산주의자 레닌은, 국민 전체를 굶주리게 만들어 배급표로 국민을 통치하되 배급량을 3일 치로 제한해야 국민이 정부의 지도를 잘 따른다고 했다. 양식을 3일 치를 초과하여 7일분을 배급하면, 3일을 잘 먹고 아직도 먹을 양식이 많아 배를 두드리며 딴생각하게 된다는 것이다. 이들이 하는 짓들을 보면 국민을 개, 돼지로 보는 게 확실하다.

사람들은 배고픈 문제가 해결되면 다른 것에 관심을 갖게 된다. 즉 자아실현의 욕구를 가지게 되는데, 하고 싶고, 되고 싶고, 알고 싶은 것들이 늘어난다. 배고픔이 사라졌으니 당연히 다른 데 관심을 가지게 되는데, 통제나 간섭을 거부하게 되고 정부를 향해 다른 목소리를 내게 되고, 개인의 권리를 주장하게 되는 것이다. 그렇게 되면 공산 독재의 통제가 어렵다. 그래서 이들은 백성들을 굶기고 자유시장 경제 활동을 허용하지 않으면서 대신, 큰 선심을 쓰듯 배급으로 완급을 조절하면서 통제하는 것이다. 그러니까 한 마디로 공산, 사회주의 울타리로 노예 같은 동물 사육장을 만드는 것이다.

### 배급 구조를 만들려면 나라의 경제가 망가져야 한다

즉 잘사는 국민이 없어야 한다. 국민의 생활 수준과 지적 수준이 높으면 통제하기가 어렵고 설득이 어렵기 때문이다. 그래서 공산, 사회주의자들이 정권을 잡으면 나라 경제가 떨어지고 망가지고 사업자(자본가)들이 견디지 못하고 줄도산하거나 외국으로 떠나는 것이다. 그렇게 직장도 줄고 수입이 줄어서 국가에서 찔끔 주는 것에 의존하게 만드는 것이다.

**재벌 상속을 못 하게 하고 모든 사업장을 국영화한다**

사업주들이 경영을 맘대로 못 하도록 정부가 간섭하고 규제한다. 공산정권하에서는 자본가들은 타도의 대상일 뿐이다. 하여간 공산정권하에서는 백성들이 많이 배우거나 잘 살거나 똑똑하면 안 된다. 그저 시키는 대로 따르도록 만들면 된다. 애완견처럼 말이다.

그래서 공산정권은 국민에게 자유를 제한하면서 명령형으로 강압 통치, 공포 통치를 한다. 개, 돼지란 말이 괜히 나오는 게 아니다. 사육당하는 짐승이 무슨 자유가 있는가? 그저 주인이 주는 대로 먹다가 때가 되면 도살당하는 것인데….

## 중산층을 세금과 인플레이션의 맷돌로 으깨버려라

"중산층을 과도한 세금과 집값 상승으로 척살하고, 다수의 빈민층이 가진 자를 혐오하게 만들어라." 이런 내용을 보면 이들은 사람이 아니라 악마라고 해야 옳다. 이들이 집권하면 부동산 정책을 결코 성공시키지 않는다.

**내 집 마련의 가능성을 없애버린다**

과거 정부 시절 4년도 채 안 되는 사이에 부동산 안정화 대책을 26번이나 내놓은 결과, 부동산이 안정되기는커녕 급속도로 두 배나 폭등해 버렸다. 잘 해보려다가 나온 실수일까? 정말 그럴까? 의도적 실패라고 보이지 않는가? 내 눈엔 그렇게 보인다. 같은 주제로 26번이나 시행된 정책이 단 한 번도 성공하지 못했다면 실패라고 볼 수 없다. 그것은 의도 된 결과라고 보아야 한다. 왜 내 말이 틀렸는가? 같은 일을 26번이나 실패했다면 그만큼 무능하다는 증거다. 무슨 심한 비난을 받아도, 입이 열 개라도 할 말이 없어야 정상이다.

그렇게 내 집 마련이 더욱 어렵게 되자, 하는 말이 겨우 "국가에서 임대주택을 대폭 만들어 공급하겠다."라고 한다. 해결책이라는 게 임대주택만 늘이는 것이다. 12평 임대주택에서 4명이 살고 16평 주택에서 한 가족이 살아가라는 것이다. 평생을 말이다. 현재 임대주택의 60% 정도가 15평 미만이라고 하니(국회의장 김진표 의원) 기가 막힐 뿐이다.

힘들게 내 집 마련하느라 욕심부리지 말고 빈민촌에서 살라는 것이다. 영세민이나 생활 여건이 어려운 노인들은 싸고 작은 임대주택이 큰 도움이 될 것이다. 하지만, 지배 계급인 자기들은 절대로 12평에서 4~5명이 함께 살지 않는다. 자기들은 크고 좋은 집에서 살아간다. 그렇게 비좁은 임대주택이 대거 제공된다면, 국민의 생활을 하향 수준으로 끌어내리는 것이다. 현대 주거는 최소한 30평 주택이 아니면 아이 두세 명 낳고 살기는 어렵다는 것이 청년들의 생각이다. 당신이 건강하다면 비좁은 임대주택의 꿈을 버리고, 열심히 공부하고 일해서 큰 집에서 잘 살아라.

### 세금을 계속 올린다

열심히 일해서 집을 두 채 이상 소유하면 이들에게는 죄인이요, 반사회적인 부류로 몰아간다. 이들의 부동산 정책이나 기업을 상대하는 것이 그런 식이다. 세금을 왕창 늘리고, 규제를 강화하여 어기면 벌금을 강화하고, 교통 범칙금이 두 배로 엄청나게 올랐고, 지방 도로 제한 속도를 80km에서 70km로, 60km에서 50km로 낮추어 범칙 유발의 가능성을 상당히 높였다. 아동보호 구역 30km 속도를 어기면 12만 원의 벌금이다.

하다못해 이들은 고양이, 강아지 키우는 세금도 만들자는 말이 나왔다. 취득세, 양도세 등을 대폭 인상 함으로써 부동산 매매가 얼어붙게 만든다. 상속세는 너무하다 싶을 정도이다. 상속세를 내느니 포기해야 할 판이다. 더 이상 노력으로 계층 상승이 불가능한 사회를 만들어라.

**장관까지 지낸 OO 씨는 과거 이렇게 말했다.**
"개천에서 용이 되는 길은 어려우니 그냥 개천에서 편하게 살자. 용이 되어 하늘로 승천하지 않아도 붕어, 개구리, 가재가 되어 살아도 예쁘고 행복한 개천(세상)을 만들자."고 말이다.

이 말은 모두 잘 살거나 성공하려고 하지 말고 서민으로 가난하게 살아도 행복하게 살자는 말인데….

그러면 자기부터 그렇게 살던지, 자신은 돈, 명예, 권력을 따라 결국 국회의원까지 되었다. 그러면서 다른 사람들에게는 낮고 천한 곳에서 살란다. 용의 자리는 자신들이 차지하고 말이다.

## 가진 자(자본가)를 혐오하게 만들어라

공산주의에 물든 자들은 한결같은 공통점이다. 자본가를 혐오하고 자유를 통제하고 반 기독교 증세를 보이는 것이다. 내가 가난한 이유는 부자들 때문에, 재벌들 때문에 내가 힘들게 사는 것이라고 세뇌한다. 그래서 나도 모르게 잘 사는 사람들을 시기하고 증오한다. 그렇게 거머리처럼 남의 것을 빼앗아 먹는 강도 심보를 만든다. 지금 이 나라 주사파, 종북 세력들은 그런 사회를 만드는 게 꿈일 것이다.

자본가들이 줄어들면 일자리는 없어진다. 노동자들이 일할 수 있는 자리를 만들어 주는 것은 자본가들이다. 그런 자본가를 때려잡으니, 공산국가는 하나같이 경제가 망하고 배급도 줄어들고 배가 고픈 것이다.

우리는 남미의 부유했던 베네수엘라의 사태를 보고 배워야 한다. 베네수엘라는 차베스와 마두로가 통치하던 10년 동안 폭삭 망했는데, 그 중심에는 사회주의 정책이 있고 부유층이 대거 떠났다는 사실이다. 인구 약 3천만 명 중에 부자들 200만 명이 해외로 떠나버렸다. 부자들이 사라진 나라는 어떨까? 행복할까? 천만에다. 알다시피 돈이 쓸 곳이 없어서 길거리에 쓰레기처럼 굴러다니고, 여자들은 몸을 팔아야 한 끼 식사하고, 심지어 동물원을 습격해서 사자, 말 등을 잡아먹었다.

우리나라도, 100만 달러 이상 보유한 부자들이 조국을 버리고 해외로 나가는 사례가 점점 많아지고 있다.

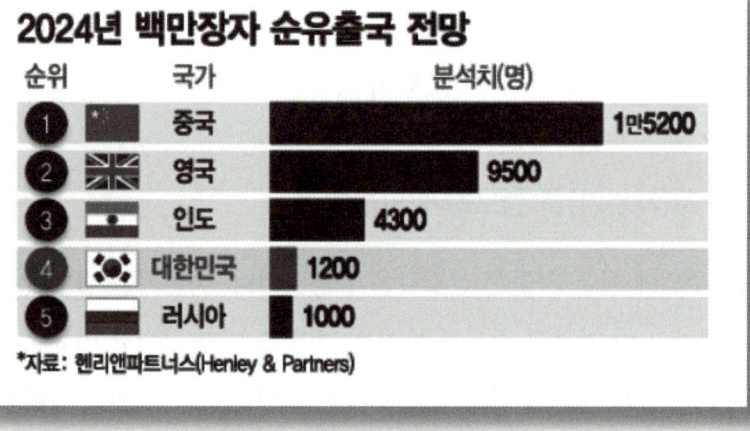

- 백만장자 순유출국 전망 -

영국의 시민권, 영주권 컨설팅 업체 "헨리엔 파트너스"의 분석에 따르면 백만장자들이 해외로 이주하는 숫자를 각 나라별로 보면, 중국이 2023년 13,200명, 2024년 예상치는 15,200명으로 1위를 굳히고 있는 것을 본다. 공동 부유라는 명목으로 부자들의 재산을 압수하는 수준이니 누가 남겠는가? 우리나라의 해외 이주는 세계 4위로 나타났다. 부자들이 떠나는 것이다. 부자들이 다 떠난 나라? 나머지가 부자 될까? 천만에, 가난한 자들만 남는다. 솔직히 나도 돈 좀 있다면 평안한 땅으로 떠나고 싶은 심정이다. 이유는 간단하다 북한과의 핵 위협과 종북 주사파 세력들의 득세로 늘 불안하기 때문이다. 삼성, 현대, SK, 대한항공, 한화 등, 대 기업이나 중소 기업, 부자들을 못살게 구는 것은 경제 자살이다. 이리 같은 그들이 정권을 잡으면 안 된다. 그들은 마치 황금알을 낳는 거위의 배를 갈라 나누어 먹고 그다음은 대책이 없는 자들이다.

　잘 사는 사람들을 원수로 여기는 공산, 사회주의는 자본가를 불안하게 만들고 그들은 환영받는 나라로 떠나는 것이다.

　당신이 가난한가? 남을 탓하지 말라! 잘 사는 사람들을 비난하지 말라! 그들도 당신 같은 신세를 면하기 위해 부단히 노력하고 일해서 정당하게 일어선 것이다. 만일 당신이 가진 자의 것을 빼앗아 나누려 한다면 당신은 사악한 강도요, 악마의 심보를 가진 자다!

### 국가의 구호품(배급)에 절대적으로 의존하게 만들어라

　스탈린 방식의 배급을 강조한다. 가난해서 국가에서 주는 구호품으로 살도록 만들어라. 그런데 그 구호품은 많이 주지 말라. 식량 3일 치를 넘기지 말라. 이것이 공산 정권을 유지하는 비결이다.

　가진 것이 넉넉하고 배부르면 인민들은 말을 듣지 않으니까 늘 부족하게 주는 것이다. 가난하게 만들어 놓고 구호품을 주면, 인민들은 고마워하면서 공산 정권을 지지하게 되는 것이다. 온통 무상이다. 그래야 국민이 자생력을 잃기 때문이다. 이렇게 하면 정부에 의존형 백성이 되는 것이다. 과자 한 봉지를 받고 어버이 수령님 만세를 외치는 북한의 어린이나, 사과 한 상자를 받고 눈물로 감격하며 독재자를 찬양하는 북한의 주민을 보았는가? 그렇게 한 주인만 바라보도록 길들여진 것이다.

　이제는 국가 총부채가 1,100조 원을 넘어가 버렸는데도, 그 연장선에 있는 유력인사는 아직도 국가부채 감당의 여력이 많으니, 국가부채를 더 늘려서 국민에게 용돈을 주어야 한다고 떠든다. 퍼주는 게 일이면 대통령을 내가 할 것을 그랬다. 그 정도의 일이면 아무나 하기 때문이다. 그저 마구 써대는 것이다. 일하지 않는 청년들에게는 용돈까지 주면서 말이다. 그러다가 극점에 다다르면 디폴트(Default : 국가 부도) 지경에 이르는 것이다.

　진정 복지 사각에 놓인 백성들을 도와주는 선별 복지라면 장려되고 바람직한 일이다. 그러나 엄청난 빚덩이를 만들어 모든 국민에게 퍼주는 무분별한 복지는 국민의 근면성을 상실케 하고 필연의 비극을 초래한다.

　지금 노인 용돈 30여만 원 지급의 수단으로 동네마다 없는 쓰레기를 줍는 일을 일주일에 몇 시간을 일하게 한 결과, 그전에는 그나마 노인들이 용돈벌이로 다니던 논밭에 안 다닌다. 농사 일손이 없어 90% 이상이 외국인들이 차지하였다. 이제는 외국인 노동자들이 없으면 아무것도 못 하는 지경이 된 것이다. 일감이 넘치는 탓에 일당이 오르고, 외국인들도 힘든 일을 피해 쉬운 일거리만 골라서 다니고 있다.

"요람에서 무덤까지", "엄마 뱃속에서 죽을 때까지" 국가가 다 책임져 주겠다는 말인데, 다자녀 가정이나, 영세민, 힘없는 노인, 그리고 사회적 약자가 아니라면 제발 스스로 일하고 당당하게 살아라!

## 공산 정권이 유지되려면 인민의 자유는 없어야 한다

공산 정권은 누가 집권하던지 통치 수법은 동일하다. 그래서 복지라는 이름으로 주택도, 음식도, 직장도, 무엇이든 공짜로 주는 것이다. 그러나 그것은 결코 공짜가 아니다. 인민들은 자유를 헌납하고 그 이상으로 집단 농장에서 뼈 빠지게 일을 해야만 한다. 아무리 충성되게 일을 해도 찔끔 주는 배급이 전부요 늘 배가 고프다. 그래도 이들은 위안받는다. 왜냐? 나보다 더 먹는 놈이 하나 없고 똑같으니까 말이다. 그래서 이들은 개, 돼지인 것이다.

## 거짓말도 100번 하면 진실이 된다

거짓을 100번 말하면 진실이 될까? 아니다. 진실인 것처럼 속아 넘어간다는 것이다. 거짓은 공산 혁명의 중요한 밑바탕이다. 그래서 공산 사회주의에 빠진 자는 늘 듣기에 좋은 거짓말만 하고 다닌다. 실제로는 반대로 살면서 말이다.

* 거짓말은 공산주의자들의 행동강령이다.
* 거짓말은 혁명 완수를 위한 가장 강력한 수단이다.
* 혁명을 위해서는 거짓말을 할 줄 알아야 한다.

\* 거짓말은 클수록 좋다. 큰 거짓말 + 많은 거짓말이 필요하다.
\* 거짓말을 만들어 낼 줄 모르는 자는 혁명가가 될 수가 없다.

그래서 이들은 뼛속까지 거짓과 위선으로 가득 찼다. 말은 번드르르하지만, 그 속은 사악하다. 우리 사회의 인사들의 범법 행위를 보면 그런 것을 증명한다. 여성 인권을 강조하면서 뒤에서는 여성을 성추행하고 강간하고, 위안부 할머니들을 돕는 척하면서 자기 배를 챙긴 자도 다 저쪽이다. 이들의 뻔뻔한 행위들을 보자면 구역질이 날 정도이다. 그런데도 하나같이 사과나 참회하는 모습은 없다. 왜 그럴까? 그들의 머릿속은 거짓과 위선으로 가득 찼기 때문이다. 그들은 그 거짓도 정당하다고 믿는다. 그래서 이들은 거짓의 아비 마귀를 쏙 빼닮았다는 것이다.

> 너희는 너희 아비 마귀에게서 났으니 너희 아비의 욕심대로 너희도 행하고자 하느니라 그는 처음부터 살인한 자요 진리가 그 속에 없으므로 진리에 서지 못하고 거짓을 말할 때마다 제 것으로 말하나니 이는 그가 거짓말쟁이요 거짓의 아비가 되었음이라 (요 8:44).

주님 말씀대로이다. 공산 사상은 거짓 된 사상이요, 마귀에게서 나온 사상임을 쉽게 알 수 있다. 알겠는가? 왜, 이 땅이 공산 사회주의에 물들면 안 되는지 이제는 이해가 되었는가?

## 목적은 수단을 정당화한다

공산 혁명을 위해서는 어떤 수단이라도 가리지 않는 것이다. 거짓말+살인+폭력+배신+위선+뻔뻔함 등…. 특히 비협조자에게는 폭력을 쓴다. 민노총 파업에 동참하지 않는 근로자에게 협박과 폭력을 서슴지 않는 것은 공산, 사회주의자들이나 할 수 있는 짓이다. 자유 국가에서는 있을 수가 없다. 그래서 공산 혁명에는 피비린내가 진동하고 자기 부모라도 때려죽이는 것이다. 모택동 공산 혁명 때 그랬다. 부모를 고발하고 죽이고 자기가 못 죽이겠으니까, 친구의 부모를 서로 때려죽였다. 이게 공산 혁명이다. 심지어 임신부를 강간하고 배를 갈라서 태아를 꺼내 전시하는 것도 이들에게는 혁명의 일환이다. 당신의 눈엔 아직도 저들이 사람으로 보이는가? 혁명을 위해서는 뭐든 다 할 수 있기에 이들은 위선 되고 거짓말 잘하고 뻔뻔하고 잔인하다. 그래서 우리는 공산, 사회주의 사상을 마귀의 사상이라고 하는 것이다. 이들이 왕성해지면 우리 교회들은 어찌 될까? 지금 한국교회가 약화 되는 가장 큰 이유는 바로 공산, 사회주의자들의 증가와 우리의 무감각에 있다.

이 글을 쓰는 이 순간에도 나의 간절한 바람은 우리의 자라나는 어린 학생들에게 반공정신과 올바른 역사관으로 애국정신을 바로 세워 주는 것이다. 그런데 지금은 평등이라는 이름으로 멸공이나 반공의 내용이 금지되고 청소년 유해 목록으로 취급되고 있으니 어찌할꼬….

### 혁명이 완수될 때까지 '민주화'를 외쳐라

"민주"란 국민의 자유와 권리를 보장하는 말이지만, 가만히 보라! 민주화를 자주 외치는 자들이 무슨 짓을 하는지…. 이들은 친공, 친북, 반미 언행을 감추지 않고 탈북자를 일컬어 배신자라고 부른다.

공산 혁명에 가장 많이 사용되는 단어가 바로 민주주의이다. 그 단어는 민주주의가 사라질 때까지 이용한다. 그래서 순진한 백성들은 민주화운동인 줄 알고 속는 것이다.

6·25 때, 공산군이 쳐들어와서 한 말이 바로 "이 전쟁은 남조선 인민을 미제로부터 해방하려는 해방전쟁"이라고 미화했다. 김성주, 김원봉, 박헌영 같은 자들이 항일 운동을 했지만, 해방되자마자 공산국가를 세우는데 온 힘을 기울인 자들이다. 그 후예들이 아직 남아 있는 것이다.

이제 미군이 물러가고 손을 떼면 이 땅의 공산화는 시간문제다. 나머지는 국민 저항이지만 무지한 백성이 많고 공권력 앞에서는 다 무력하다. 그나마 일부 자유를 사랑하는 국민과 주님께 부르짖는 기도와 교회들의 애국적 활동이 있지만 그것도 하나 되지 못한 반의반 쪽이다.

### 이제 "이념 확인"은 필수 항목이다.

나는 반공정신이 투철해야 나라의 미래가 있다고 믿는다. 그런데 지금은 학교 교육 과정에 반공이 아예 사라졌다. 반공 교육을 하려 든다면, 아마도 종북 좌파 세력들이 죽이려 들 것이다.

### 다시 이념 전쟁에 불을 붙여야 한다

이제는 옛날처럼 무조건 전쟁하지 않는다. 누군가 전쟁을 일으키면 국제사회가 용납하지 않기 때문이다. 공산주의자들이 새로이 쓰는 수법이 있는데 바로 "네오마르크시즘"이다. 새로운 공산주의 운동이다. 한 나라를 점령하기 위해서 군사력을 쓰는 게 아니라 그 나라 문화, 성 개방, 페미니즘, 가정파괴, 종교, 정치, 방송, 교육, 입법부, 사법부 등에 깊숙이 침투하여, 국민 의식을 바꾸고 병들게 하는 것이다. 사상과 이념이 친공으로 향하게 만드는 것이다. 월남이 패망한 원인이 바로 그것이다. 북한은 지금 총 칼을 쓰지 않고도 남한의 상당 부분을 주무르고 있다. 상대의 이념이 무엇인지 따지는 이념 전쟁에 불을 붙여야 한다.

**정치인들의 이념이 자유민주주의자인지, 공산주의자인지 따져봐야 한다**

사람은 사상과 이념에 따라 움직인다. 사상과 이념에서 행동양식이 나오고, 목표와 가치가 달라지는 것이다. 그런데도 이념을 따져 물으면 해묵은 이념 논쟁은 하지 말자고 피한다.

이념 논쟁에서는 공산주의자들이 늘 불리 하므로, 그들은 이념 논쟁을 회피하는 것이다. 대신 그들은 "민주화"라는 말을 앞세워 놓고 뒤에서는 다른 일을 진행한다. 그런 수법으로 김일성 일가 족속이 북한 주민들을 속이고 집권하여 독재하고 신의 자리에까지 오른 것이다.

"이념 확인"은 모든 공무원 특히, 정치꾼들과 학교 선생들, 군 장교들에게는 꼭 확인해야 하는 필수 항목이어야 한다. 전도사, 목사라 해도 반드시 확인해야 할 사항이다. 그런데 어쩌랴! 평등법이 통과 되면 공산 이념도 높이 존중해 주어야 하는데….

2022년 한국사 교과서에서 6.25는 북한의 김일성이 일으킨 남침이라는 내용이 빠졌다고 한다. 오히려 남한이 일으킨 북침으로 배우는 학생들도 있으니 큰일이다. 또한 "자유민주주의"라는 말이 빠져 버렸다. 교과서마저

주사파가 점령했다는 증거다.

　이 백성의 개개인을 보면 똑똑한 사람들이 그렇게나 많은데 나라 꼴이 이 모양인 것을 보면 다 헛똑똑인 게 분명하다.

　하여간 북한 공산 정권이 살아 있는 한 이 땅에는 진정한 평화는 없다. 우리는 공산 정권이 무너지기를 쉼 없이 기도해야 한다. 그런데 어느 교회에서 장로가 대표 기도 중에 공산 정권이 빨리 무너지기를 기도 했는데 예배 후 담임 목사가 다시는 그런 기도를 하지 말라고 야단치는 바람에 그 교회를 나와 버렸단다.

　이런 상황 속에서도 이 나라가 풍성한 물자를 누리며 10대 경제 대국을 달리는 것은 오직 하나님의 은혜가 아니면 답을 찾을 수가 없다.

# Chapter 09
## 공산주의와 도덕성

　공산주의의 기본 이념은, 말 그대로 그것은 곧 개인의 사유재산을 금지하며 모든 것을 공유하자는 것이다. 그것만이 이상적인 세상이라는 것이다. 물론 당 간부들은 공유가 아닌 많은 특권을 누리면서 말이다. 이들은 가난한 노동자들을 위한다는 구실로 유산계급을 털어 무산계급으로 만들어 버린다. 무산대중은 유산계급이 털리고 망하는 모습을 보고 통쾌하게 여기지만, 얼마 못 가서 자신들의 고통으로 다가온다는 것을 모른다. 그래서 어리석다는 것이다.

　중국에서 자주 등장하는 뉴스가 있다. 주요 당 간부들의 성 추문이다. 중국의 고위 간부들 90%가 부인 외의 여성들을 거느리고 있다는 게 정설이다. 그래서 DNA가 같은 종북 주사파들도 성 추문이 많은 것이다. 여성을 성 노리개 소모품 정도로 보기 때문이다.

　공산 혁명에서는 거짓과 살인을 포함한 모든 것이 가능하다는 불멸의 원칙이 이들의 도덕 수준을 결정한다. 그래서 남의 여자에게 그리도 치근덕대며 개 같은 추접을 떨고 더러운 악마의 자식이 되는 것이다.

### 모택동은 색마라고 할 정도로 성적 문란이 아주 심했다

중국을 공산주의 국가로 만든 모택동은 문화혁명이라는 이름으로 수천만 명의 백성을 학살했고 부인이 살아 있음에도 둘째 부인을 들였고, 남는 시간에는 여자들을 불러 놓고 성적 유희를 즐겼다. 그래서 죽을 때까지 성병에 시달렸으며 그와 관계한 많은 여성에게 성병을 옮긴 잔인한 색마였다는 것은 다 아는 사실이다.

### 장쩌민 주석도 역시 마찬가지다

집권 1989년부터 2002년까지 중국의 당서기를 지내면서 10년 이상을 음란에 빠져 살았다. 많은 연예인이 그와 함께 놀아난 대가로 성공했다.

그 외 시장이나 당 간부들의 성 추문이나 각양 음탕한 생활을 빼놓을 수가 없다. 이것이 공산 권력의 실제 얼굴이다. 부정부패와 성분에 따라 차별이 심하고 각종 비리와 성적 타락이 가장 심한 곳이 바로 공산당 세상이다. 중공의 공산 혁명에도 성적 유희를 자극하고 이용했다. 1930년대 중공 청년 홍위군을 모집하는 광고 포스터에는 이런 글이 쓰여 있었다.

"밥을 먹고 싶나요?"
"세를 내지 않고 농사를 짓고 싶나요?"
"지주나 부자의 마누라와 잠을 자고 싶나요?"
"빨리 홍위군에 참가하세요"

홍위군에 참여하면 남의 마누라, 부자의 마누라와 잘 수 있다고….

또 이런 노래도 있었다.

"팔로군(중국의 항일군)에 입대한 사람은 아내가 없는데
위린성을 함락시키고 나면 얼씨구나
각 사람이 여학생을 하나씩 안고 있네"

즉 공산화 전쟁을 하고, 군인들을 모집하는 데 성적 유희를 미끼로 선전했으니, 이들의 도덕 수준이 그런 것이다. 이들의 성도덕이 상식 이하인 것은 공산 사상의 바탕이 그렇기 때문이요, 태생적으로 그런 유전자를 가지고 있기 때문이다.

## 소련 레닌의 사망원인은 '매독'으로 밝혀졌다

매독은 지독한 성병이다. 이들이 성적으로 얼마나 난잡했는지를 보여준다. 그래서 같은 길을 가는 자들은 성적 탐닉을 하다가 명예도 체면도 다 잃는 경우가 많다. 살인을 취미로 여긴 스탈린 때문에 쥐도 새도 모르게 사라지는 측근들이 아주 많았다. 매일 밤 술 파티를 열고 돌아가는 길에 스탈린의 측근들이 사라지고, 그 측근들이 사라진 비밀을 말해주고, 또 다른 이들을 제거했다. 과거에 청나라 서태후가 매일 밤 남정네를 불러 유희를 즐긴 후 그들을 죽여 버렸던 모습과 닮았고, 호화판 생활로 나라가 망할 정도로 미쳐 있었다. 김일성 일가도 기쁨조가 있고 퇴폐적이기는 마찬가지다. 하여간 이들이 권력을 쥐려는 이유가, 지배하고 호령하면서 성적 유희를 즐기려는 목적의 하나이기도 하다.

### 목적은 수단을 정당화한다

이들은 공산 혁명의 가치를 가장 우위에 둔다. 이들은 공산 혁명의 과정에 일어나는 모든 문제를 하찮게 여긴다. 즉 거짓말, 폭력, 살인, 배신, 부도덕, 간음 등을 혁명의 과정으로 보는 것이다. 목적(공산 혁명)을 위해서라면 다른 일들은 중요치 않은 것이다. 그래서 성적 일탈을 즐기면서 기존의 도덕성을 조롱한다.

"Me Too" 운동으로 드러난 성추행범들을 보면 대부분이 민주화를 즐겨 말하거나 그들과 함께 활동하는 자들 중에서 나왔다는 것은 결코 우연이 아니다. 대표적으로 서울시장, 충남도지사, 부산시장, 일부 문화계 인사들을 보더라도 성추행과 강간 등 부도덕한 일을 했음에도 자기들끼리는 계속 칭찬하기를 쉬지 않는다. 같은 계열 주요 인사들은 모(某) 시장이 비서를 농락하고 들통나자, 자살했을 때 한 말이 "맑고 깨끗한 분", "님의 뜻을 기억하겠습니다."라고 하여, 이들의 하나같은 도덕성 수준을 보여주었다. 일반인과 공산주의자들의 차이점이 바로 이거다. 공산주의자들은 공산주의 혁명이론이 성범죄를 정당화한다는 사실이다. 그래서 이들은 흉측한 죄를 범하고도 양심의 가책이나 죄책감이 없다. 그들은 "조직 보위론"이란 철칙이 있기 때문이다. 조직을 보호하기 위하여 내부의 성 추문은 절대로 밖으로 내지 않고 감추는 것이다.

### 이들은 부인도 공유한다(공산당 선언에서 밝힌 내용이다)

공산, 사회주의! 다시 말하지만, 개인의 재산을 인정하지 않고 모든 사람이 재산을 공동으로 소유함으로 빈부의 차를 없애려는 사회 제도이다.

평등, 공동 소유, 공동 부유, 모든 것을 공유하는 세상이 이들의 지상 목표요 그것이 지상 낙원이라고 믿기 때문에 어느 누가 좋은 것을 독차지하는 것은 부르주아(자본주의, 반동)라고 여긴다. 그래서 가진 자의 토지나 재산을 빼앗고 기업의 이익을 공유해야 한다고 주장하지만, 자기들의 것은 늘리고 절대로 나누지 않는다. 더 나아가 결혼했거나 안 했거나 서로가 좋으면 한 여인을 공동으로 소유할 수도 있는 자들이다. 놀랄 일도 아니다. 그보다 더 한 짓도 공산 혁명에서 보여주지 않았는가? 공산주의에 물들면 도덕성이 땅에 떨어지게 되어 있다.

다시 말하지만, 이들의 평등이란? 상향 평등이 아닌 "하향 평등"이 된다. 경제 수준이나, 도덕 수준, 영적 수준 등 모든 게 하향이다. 사탄이 끌어안고 입 맞추며 기쁨의 춤을 출 자들이다.

## 성도덕의 문란은 그들의 교조(敎祖) 마르크스가 그랬다

공산주의의 지도자요 교조 격인 마르크스…. 그는 가난한 노동자들이 잘 사는 세상을 만들자고 떠들었으나 정작 그 개인의 삶은 그리 깨끗하지 않았다. 마르크스도 역시 성적 문란의 삶을 살았던 사람이다.

마르크스는 1843년 결혼한 후 임신한 아내를 돌보아 주라고 처가에서 보낸 가정부 헬레나 대모트(22살)와 간음하여 사생아까지 낳는다. 그 자식들은 대부분 자살로 끝났다. 이들의 조상이 그렇기 때문에 그의 사상을 추종하는 자들도 역시 그와 같은 흐름을 보이는 것이다.

자본가를 혐오하면서도 그는 자본가인 사업가 엥겔스에게 평생 후원을 받아 얻어먹고 살았다. 그래서 사회주의에 물든 좌파들은 다양한 단체를 무수히 만들어 후원금을 챙겨 먹고 사는 것이 특징이다. 그리고 그런 일을 대를 이어간다.

### 마르크스의 평생 후원자 프리드리히 엥겔스도 그랬다

평생 독신으로 살겠다고 선언했지만 결혼(메리)하고 처제(라디아 번스)와 조카 둘까지 한방에서 난잡한 집단생활을 했다. 공산주의에 물들면 이렇게 서로 닮아 가는 것이다. 같은 악령이 그 속에 흐르고 있기 때문이다.

### 북한 김일성 일가도 다르지 않다

북한의 김일성 일가는 다를까? 김일성은 부인이 하나둘이 아니다. 김정일도 그렇다. 기쁨조라는 여성 유희 집단은 김일성 일가를 위해서 춤, 노래, 성(性)을 상납하기 위해서 존재한다는 것은 다 알려진 사실이다. 젊은 김정은이라고 다를까? 벌써 애인이 있고 혼외 자식이 있다는 소리가 있는데, 두고 볼 것도 없이 뻔한 그 나물에 그 밥이다.

### 남한의 운동권에도 역시 같은 흐름을 보인다

북한을 정신적 조국으로 여기는 자들은 혁명운동 교육으로 남한의 대학 신입 어린 여학생들에게 혁명 전사는 "여성성을 버려라!", "부끄러움이 없어야 한다!"라고 가르친다. 그것은 곧 성에 대하여 개방하는 자세를 가지라는 뜻이다.

이들에게는 오직 공산 혁명만이 존재 이유이며 그 외의 것은 중요치 않다. 겉으로는 선하고 높은 도덕성을 가지고 있는 것 같으나 실상은 아주 부도덕하고, 거짓된 생활을 감추고 있는 바리새인과 같은 자들이다. 얼굴이 한 개가 아니라 2개 이상, 아니 필요하면 10개의 얼굴도 가진다.

이런 자들이 득세하면 나라 꼴은 어떻게 될까? 뻔하지 않은가? 평등이라는 이름으로 성 개방을 합법화하고 망할 성병이 가득한 소돔 성을 만들 것이다.

## 그래서 이들은 성(性) 개방을 법제화하려는 것이다

성 혁명이나 평등을 강조하는 자들은 알든지 모르든지 공산주의자들과 한편이 된다. 성도덕의 수준이 같고 기독교가 공동의 적이기 때문이다. 이들은 연합전선을 펴고 기독교를 무차별 공격하고 있다.

동성애가 포함된 "포괄적 차별금지법"의 입법 활동은 소위 좌파로 불리는 일부 의원들을 중심으로 20여 년이 넘도록 진행 되어왔다. 국회에서 통과 될 가능성이 점점 커지고 있는데 21대 국회까지는 잘 막았지만 22대 국회에서는 막을 수 있을지 안심할 수가 없다.

평등법(포괄적 차별금지법)! 이 법안 속에는 단순히 동성애만 말하는 게 아니다. 겉으로는 동성애만 말하지만, 양성애, 중혼, 다자 혼, 트랜스젠더(성전환자), 수간 등 해괴하고 다양한 성 개방의 가능성이 기다리고 있다.

공산주의자들은 이런 성 개방주의자들과 함께 간다. 자신들의 목적과 다르지 않기 때문이다.

이런 현상이 법제화된다면 기독교는 치명타를 입는다. 합법적으로 종교를 핍박하게 되고 교회는 그 법이 통과 되는 순간부터 범법 집단이 되어 허구한 날 얻어맞는 처량한 신세가 될 것이다.

병역의 의무를 거부하는 여호와증인 신도의 "양심적 병역거부"는 합헌 판결이 났는데 우리 기독교도 종교적 신념을 존중받을 수 있을까? 절대 아니다. 병역의무를 거부하는 것은 국방력을 조금이라도 약화시키는 일이기 때문에 이들이 원하는 바이다. 그러나 기독교의 종교적 신념은 이들과 적대 관계에 서 있으므로 존중받지 못한다. 하여간 성 개방주의자와 공산주의자들은 기독교와 불구대천의 원수임에 틀림이 없다.

# Chapter 10
# 공산, 사회주의자들의 혁명과제

이러므로 남자가 부모를 떠나 그의 아내와 합하여 둘이 한 몸을 이룰지로다 아담과 그의 아내 두 사람이 벌거벗었으나 부끄러워하지 아니하니라 (창 2:21-25).

**공산주의(사회주의) 혁명과제!**

박근혜 정부 시절, 야당에서는 〈혁명〉이라는 말을 자주 썼다. 좌파들에게 〈혁명〉이란? 합법적 절차를 밟지 않는다. 그것은 법을 무시하고 폭력을 행사하더라도 국가 시스템을 뒤집어 버리자는 것이다.

왜 내가 공산주의 사상을 심각하게 다루는지 아실 것이다. 공산, 사회주의는 유물론을 신념으로 무장한 반기독교 세력이요, 세상의 모든 개인과 단체가 연합하여 기독교를 처형하는 수준의 포괄적 차별금지법을 위해 하나같이 움직인다. 이들에게는 혁명을 위해 일하는 자가 영웅이요 사람이다. 무슨 말인가? 과거 정부 시절 "사람이 먼저다"라는 국정 철학을 내세웠다. 국민을 우선하겠다는 말로 보이지만, 그러면 "국민이 먼저다!"라고 하는 게 더 좋았을 텐데 왜 그러지 않았을까?

저들의 혁명 활동을 좀 더 관심 있게 들여다보면 일반인들이 알 수 없는 숨겨진 것들을 알게 되는데, 이들은 절대 자유, 국민이란 단어를 쓰지 않는다. 그 이유는 이들에게 사람이란 국민이 아니라 다른 의미를 갖는다. 이들은 인간과 사람으로 구분하는데 인간은 생물학적으로 태어난 상태를 말하고, 사람이란 공산 사회주의 혁명을 위해 일하는 전사를 말한다.

즉 "사람이 먼저다"라는 말의 뜻은 공산 혁명을 위해 일하는 자만이 먼저 사람 대우를 해주겠다는 것이다. 나머지는 혁명에 도움이 안 되는 인간일 뿐이다. 특히 기독교인들은 사람도 아니고 보통 인간 축에도 들지 못하는 악의 뿌리요, 목사는 제거 대상 1호에 해당한다.

사람이 먼저라면서 서해 공무원 표류 사망 사건 무대응이나, 천신만고 끝에 탈북한 사람을 포박하여 강제 북송한 것이 사람을 먼저 생각하는 일인가! 공산당을 버리고 탈북한 자들은 사람이 아니라 인간(반동)이기 때문이다. 기독교인이나 우파 국민은 사람에 해당하지 않는다. 이들에겐 사람이란? 공산, 사회주의 혁명을 위해 일하는 자에게만 해당하는 말이다.

심지어 정당 당수를 지낸 이 OO 씨는 "보수우파를 촛불로 태워버려야 한다."라고 살벌한 표현을 했다. 실제로 그렇게 할 수 있는 자들이다. 이것이 "사람이 먼저"라고 말하는 자들의 실체이다.


**공산주의 교조 마르크스!**

공산주의자들의 정신적 지주는 "칼 마르크스"이다. 공산주의를 신봉하는 자들에게 마르크스는 변할 수 없는 절대적인 교주이다.

"칼 마르크스"는 근현대사에서 기독교 다음으로 세상에 많은 영향력을 끼친 인물이다. 약 30페이지 분량의 공산당 선언은 성경 다음으로 보급이 되어 읽힐 정도였다.

- 칼 마르크스 -

그의 사상에 영향을 받은 사람들이 자기 나라를 지상 낙원으로 바꾸겠다고 선언하면서 한때 많은 나라들이 따라갔지만 "칼 마르크스"의 사상을 따르는 그 나라는 그 반대로 비참해졌다. 왜일까? 그것은 바로 성경으로 무장된 기독교 때문이었다.

서양은 공산 사상이 드러나기 한참 전에 기독교 사고가 전 유럽을 휩쓸었다. 그런 상황 속에 공산주의가 쉽게 자리를 잡겠는가? 그래서 마르크스는 기독교 문화의 근본인 성경적 사고를 깨부수기 전에는 공산주의 세상이 어렵다고 판단하여 그의 유언과도 같은 내용을 남긴다.

사유재산을 없애는 것만 가지고는 세상을 공산화하기가 어려우니 기독교를 파괴할 수단을 만들었는데, 기독교와의 전쟁을 선언한 것이다. 이때부터 공산주의와 기독교는 두고두고 원수지간이 된 것이다. 그가 남긴 기독교를 파괴하는 방법은 다음과 같다.

## 기존의 가정을 개혁하라

기존 일남일녀의 결혼은 하나님이 만드신 제도이다. 기독교 가정문화의 가장 중요한 부분이다.

> 이러므로 남자가 부모를 떠나 그의 아내와 합하여 둘이 한 몸을 이룰지로다 (창2:24).

한 남자와 한 여자가 결혼하는 것이 하나님의 뜻이요 명령이다. 가정에서 부인 혹은 남편으로서, 혹은 아버지 어머니로 인성이나 책임감이 형성된다. 가정에서부터 기독교 사상이 교육되고 무장되니까 기존의 가정을 파괴할 필요가 있었다. 그래서 마르크스는 "일남일녀의 결혼은 기생충과 같다."라고 하면서 기존의 가정을 제거할 대상으로 여겼다. 그러므로 기생충을 박멸하듯이 깨부수고 새로운 가정을 만들어 가야 한다고 강조한 것이다. 그래서 이들이 만들어 가는 가정의 형태는 일남일녀가 아니라 수십 가지로 나눈다. 하여간 기독교의 가치를 깨부수는 것이면 된다. 동성애, 양성애, 근친혼, 다자성애, 다자혼, 중혼, 수간(동물 매춘 + 동물과 결혼), 일처다부, 다처일부 등이다. 심지어 미국에서는 게이 아들 커플의 자식을 엄마가 대신 낳아 준 일도 있다. (BBC News 코리아 2019. 4. 3).

이런 일을 가능하게 하도록 일단 동성애를 앞세웠을 뿐이다. 동성혼을 합법화하면 그다음에는 양성애나 근친혼 다 쉬워진다. 그렇게 되면 기독교적 가정관, 도덕성을 한 번에 깨트릴 수가 있게 되는 것이다. 이들은 기독교를 박멸하기 위해서라면 뭐든지 한다.

### 성 혁명만이 답이다

마르크스의 기독교 박멸 두 번째 방법이다.

공산주의 신봉자들이 생각하는 성욕이란? 목마를 때 물을 마시듯 쉽게 채우면 되는 것이다. 꼭 부인과 남편하고만 성적 유희를 누릴 필요가 없다고 생각한다. 파트너는 맘대로 바꾸라. 그 상대가 누구든지 상관없다. 어린 아이라도 상관없다. 그래서 공산주의는 사탄에게서 나온 것이라고 하는 것이다. 혁명의 전사나 주사파들은 하나같이 성범죄를 잘 저지른다. 그래서 이들의 생활은 이중성을 띨 수밖에 없고 가식적일 수밖에 없다.

결국에는 이들의 성 혁명은 1968년 2월 프랑스에서 완성된다. 그래서 6.8 혁명이라고 부른다. 이때를 기점으로 프랑스에서는 성적 자유화 바람이 불면서 전 유럽의 청년 2/3를 움직였다. 프랑스는 현재 성적 자유를 만끽하는 천국이 되어 있다(남매혼, 성인이면 근친상간이 무죄).

부인 공유제 혹은 남편 공유제를 들어 보았는가? 어설픈 자 말고 뼛속까지 공산이념에 물든 자에게는 익숙한 단어이다. 부동산만 공유하는 게 아니라. 결혼했어도 얼마든지 외도할 이유를 제공한다. 그래서 이들에게는 성 개방이나 평등법 통과가 간절한 것이다. 뒤에서 또 언급할 것이다.

## 공산당의 우선 과제 : 성(性) 개방이다

공산당 종주국 구소련이 공산국가를 세우고 제일 먼저 만든 법이 무엇인 줄 아는가? 그 내용을 보면 다음과 같다.

### 동성애 자유화

이들의 성 관념이 어떤지를 보여준다. 이들은 성 개방주의자들이다. 주사파나 공산주의자들은 왜 동성애를 그렇게 지지하고 합법화하려는지 이제 알겠는가? 그것은 이 백성을 병들게 하고 기독교의 가치와 구원의 복음을 제거하기 위한 사탄의 역사인 것을 알아야 한다.

### 간통의 자유화

누구든지 서로가 동의하는 간통은 범죄가 아니라는 것이다. 그 상대가 청소년이건 유부남, 유부녀이건 괜찮다. 지금 우리나라도 간통죄가 사라진 지, 2024년 현재 8년이 지났다. 성적 자유화 바람은 이미 거세게 불고 있다. 이것은 종북 주사파들의 목적이 상당 부분 달성되었음을 보여준다. 간통은 하나님 앞에선 죄악일 뿐이다.

### 낙태의 자유화

저들은 병역거부는 무죄, 낙태죄는 폐지하고, 낙태 자유화는 낙태 허용을 12주 이하에서 14주 이하로 폭을 넓혔다. 그 법이 뭐가 그리 급하다고 빨리 해치웠는가? 이에 따라 모태에서 죽는 아기들이 더욱 늘어나고 나라의 인재가 될 아기들이 원천 살해되는 것이다. 그러면서 인구 감소를 걱정한단다. 2019년 4월 헌법재판소에 의해 낙태죄는 사실상 폐지됐다.

### 근친상간의 자유화

일가친척 형제끼리도 결혼하고, 사촌하고, 자매, 형제끼리 결혼하고, 부모하고도 가능하다. 먼저 평등법을 통과한 유럽에서 일어나는 일들을 보면 진짜 그렇다. 이것은 실로 동물의 왕국을 보는 듯하다. 우리는 인간이기를 포기한 자들의 실체를 보고 있다.

나는 이 글을 쓰면서도 우려를 금할 수가 없는 것은, 일부 내용이 너무 기가 막히고 상식 이하라서, 읽는 독자가 설마…. 과장이 너무 심하구먼…. 하고 넘길까 걱정이다. 그러나 어찌하랴? 복 있는 자와 복 없는 자는 어디나 늘 있으니까….

**사유재산 금지 (공유제로 전환)**

이것은 민주국가의 근본을 제거하는 핵심이 된다. 국민이 재산 많고 많이 배우고 힘이 있으면 통제하기가 어렵다. 그래서 북한이나 소련, 중국, 통일 베트남 등 모든 공산국가에서, 지식인들을 숙청하고, 모든 재산을 압수하고, 거주지를 강제적으로 바꾸어 이주시켜 버렸다.

* **경자유전** : 농사짓는 농민만이 농토를 소유하게 함. 상속도 안 되고 소작농도 안되고 매매도 안 되며 국가에서 매입하여 주도권을 행사함.

* **부동산 공유제** : 부동산은 개인이 소유하면 안 되고, 공동으로 사용하고 공동 이득을 보아야 한다는 이유로 그 소유를 국가가 가지고 운영하는 것.

* **현금 소유 상한제** : 예) 일억 이상 넘는 예금은 국고로 환수됨. 상속재산 4억 이상 되는 것은 국고로 환수시킴.

* **부인 공유제** : 공산당 선언에 보면, 매춘 행위보다 나은 제도라고 강조하는데 여자가 결혼했다고 한 남편의 소유가 되는 게 아니라 다른 남성들과 함께 공유하는 것을 제도화 하자는 것이다. 그래서 이들은 다자혼이나 중혼 같은 성 개방을 꿈에도 그리워하는 것이다. 부부 스와핑을 즐기는 자들도 고대하고 있으리라.

"가정은 여성의 포로수용소"라고 한다. 즉 가사 일만 하는 여성은 남성의 포로가 된 것이라고 말한다. 그러면 결혼 후에, 밖에서 일만 하는 남편은 여성의 노예인가? 이들은 남녀 관계를 지배와 피 지배구조로 보면서 갈등을 부추기고 분열하게 만든다.

이런 "부인 공유제" 주장은 마르크스가 주장하기 전에 프랑스 사회주의자 "샤를 푸리에"라는 자가 주장했고, 처음으로 페미니즘을 말했다. 부인 공유제를 시행한다면 매춘 행위가 사라질 것이라는 어설픈 이유를 대지만 실상은 자신들의 욕정을 태우는 사악한 수법에 불과한 것이다.

이들의 이런 인식은 결혼 무용론으로 번지고 모든 성 혁명 앞에 동성애를 앞에 두고 뒤따라가는 것이다. 이런 짓들을 하려고 성 개방을 외치는 것이다. 이런 짓을 하던 소련이 망한 것은 당연한 것이다.

이렇게 위의 내용들은 구소련이 공산국가로 전환한 직후 제일 먼저 만든 법이다. 왜일까?

### 공산주의는 왜 이런 법을 만들까?

그들의 우선 과제가 있기 때문이다. 사회주의를 만들려면 기존의 가치관을 무너뜨려야 하는데 기독교의 전통적인 가치관이 너무 강력하여 평등이라는 만능열쇠로 끊임없이 공격하는 것이다.

### 그래야 기독교 가치관이 빨리 무너지기 때문이다

기독교 중심의 도덕성을 빨리 깨기 위해서이다. 그 첫 번째 파괴 대상이 바로 일남일녀로 이루어지는 가정이다. 일남일녀 결혼은 성경적이면서 가장 이상적이다.

**기독교가 무너지면 공산사회가 더 빨라지기 때문이다**

하여간 기독교만 무너지게 만들면 공산화는 아주 쉽다. 일반인들은 당해 보기 전에는 저들의 미사여구에 다 속는다.

그러나 기독교의 성경을 배우다 보면 자동으로 무신론, 유물론을 숭배하는 공산주의를 경계하게 된다. 당시 소련도 "러시아 정교회"라는 기독교 일파의 영향이 아주 컸다. 그래서 처음 소련의 그 정책이 쉽게 먹히지 않았고, 그래서 스탈린은 강제적으로 잡아 가두고 죽이고 고문하고, 잔혹한 철권정치를 한 것이다.

좌파 정부는 코로나19 핑계로 우리 교회들만 심하게 단속하고, 예배 때마다 단속 공무원을 보내면서 정확한 분석이나 근거도 없이 코로나 확산을 교회가 주범인 것처럼 몰아갔다. "비대면 예배"라는 듣도 보도 못한 말로 통제했고, 그 결과 한국교회는 최소 약 10,000개 이상의 교회가 사라졌다고 본다. 이중의 절반은 회복 불가능하고 목회 일선을 아주 떠난 목회자들이 약 7,000명 이상으로 보고 있다. 일반 국민은 교회가 대량으로 사라져도 그것이 무슨 위험 신호인지를 모른다. 관심도 없고 자기 발등만 보기 때문이다.

> 나무도 좋고 열매도 좋다 하든지 나무도 좋지 않고 열매도 좋지 않다 하든지 하라 그 열매로 나무를 아느니라 (마 12:33).

목사도 친북, 주사파들과 잘 어울리는 자들이 있다. 그런 자들은 우리와 같은 목사가 아니다.

> 이와같이 좋은 나무마다 아름다운 열매를 맺고 못된 나무가 나쁜 열매를 맺나니 좋은 나무가 나쁜 열매를 맺을 수 없고 못된 나무가 아름다운 열매를 맺을 수 없느니라 (마 7:17-18).

## 다시 살아나는 공산, 사회주의

> 그리스도께서 우리를 자유롭게 하려고 자유를 주셨으니 그러므로 굳건하게 서서 다시는 종의 멍에를 메지 말라 (갈 5:1).

한때 지구촌에는 공산국가가 소련을 중심으로 100여 개 가까이 있었다. 그러나 다 사라지고 지금은 북한 중국, 베트남 등 5개국 정도만 남았다. 왜일까? 공산주의를 적용해 보니 무엇보다 가난(먹는 문제)을 면치 못하고 자유와 인권이 심각하게 침해되었다. 그래서 공산 체제를 다 버리고 민주주의로 전환한 것이다. 공산주의는 실패가 증명된 사상이요, 망한 사상이다. 그런데 이 공산주의가 살아나고 있다.

공산주의자들이 있는 곳에는 정상적인 것들이 존재하지 않는다. 이들의 분탕질에 정치계, 교육계, 기업, 노동자, 사법부, 입법부, 역사의식까지 왜곡되고 망가지는 것이다.

미국의 사회주의자들도 흑인들의 인권을 말하면서 자본가를 악으로 규정하고, 가난한 무산계급은 피해자라는 어디서나 써먹는 뻔한 프레임을 씌워 활동하는데, 이게 잘 먹힌다. "아마존"이라는 대기업의 본사 이전 때 미국의 각 주에서 서로 유치하려고 경쟁이 심하였다. 많은 일자리가 생기니까 말이다. 결국 뉴욕주로 이전이 확정되었지만, 뉴욕주 "알렉산더 코르테즈"라는 재선의원이 결사 항전으로 막아 버렸다. 이유는? 아마존이라는 대기업이 오면 그 기업에 다니는 사람들이 잘 살고, 그 외의 사람들은 상대적으로 못 살게 되고 빈부의 격차 때문에 반대했다고 자랑했단다.

그러니까 이들이 하는 데로 두면 생활 수준은 상향 평등이 아니라, 하향 평등으로 떨어진다. 하여간 부유하게 잘살면 나쁜 놈 되는 것이다. 그래서 사회주의가 되면 일자리가 줄고 경제가 둔화하는 것은 필연이다. 자본가를 때려잡고 유산계급을 털어먹으면 가난한 사람들이 부자가 될까? 아니다. 똑같이 가난한 자들만 남게 되는 것이다. 그게 바로 공산, 사회주의에서 반드시 나타나는 "하향평준화"이다.

### 종북 주사파들은 대한민국 건국도 부정한다

1776년 7월 4일이 미국의 건국일인데 사회주의자들에게는 아니다! 1619년이라고 한다. 그 이유는 흑인이 미국 땅에 들어온 날이기 때문이란다. 가난하고 힘없는 사람들을 위하는 척하면서 서민들의 마음을 훔치는 것이다. 서민들의 마음이란 그저 말 한마디 잘해주고 편들어 주면 고마워하고 존경한다. 순진하면서도 미련한 마음을 이용하는 것이다.

마치 이것은 우리나라도 좌파들이 우리 건국일 1948년 8월 15일을 부정하고, 1919년 4월 11일을 상해 임시정부라고 우기는 것과 같다. 1948년 8월 15일은 국민투표를 거쳐 대한민국의 건국일로 UN이나 국제 사회에서 정식으로 인정받은 날이다. 그런데도 좌파는 상해 임시정부가 건국이라고 우긴다. 그러나 상해 임시정부는 모든 조건을 갖추지 못한 몇몇 사람들이 모여 독립이라는 소망 하나로 뭉친 조직일 뿐 정식 국가라고 보는 이는 없다. 상해 임시정부에 국가의 구성요건인 국민, 주권, 국토가 있었는가? 아니면 국민의 허락을 받았는가?

이들은 8.15 건국을 부정하며 태어나지 말았어야 하는 나라로 규정한다. 조국에 대한 부정적 인식을 주고 북한이 적통임을 심어 주기 위함이다. 저들의 언어유희에 속지 말라!

### 사회주의자들은 거짓이 생활이다

다시 강조한다. 이들은 시작부터 끝까지 다 거짓말이다. 그리고 잔인하고 수단을 가리지 않는다. 이것은 이들의 혁명 전사 교육 방법이다. 거짓말도 100번 하면 진실이 된다는 게 그들의 믿음이다. 남북이 만나 합의서에 도장을 100번을 찍어도 소용없는 것이 그런 이유이다. 그들에겐 진실이 없기 때문이다. 그런 자들은 범법의 증거와 증인들이 나와도 부인하며 오히려 정치검찰의 모략이요 탄압이라고 우겨댄다. 그래서 이승만은 이렇게까지 말했다.

"공산주의자라면 부모와 자식 간이라도 연을 끊어라!"

왜? 그들은 거짓 집단이요, 부모 형제도 몰라보고 국민을 섬기는 게 아니라 지배하는 자요, 개인과 국가를 망치는 자들이기 때문이다.

김일성은 거짓으로 북한을 세웠다. 그 이름부터 거짓이다. 본명은 "김성주"이다. 독립운동가 김일성 장군은 따로 있다. 신출귀몰의 항일 투사였다. 그분이 전사하자, 그 이름을 가짜 김일성인 김성주가 도용한 것이다.

해방 직후 주요 인물들을 모아 감언이설로 지주의 땅을 빼앗아 농민들에게 줄 것이고, 잘사는 나라를 만들겠다고, 종교의 자유가 있고, 모두가 고깃국에 이밥(입쌀(멥쌀)로 지은 백미밥을 뜻함-쌀밥) 먹는 인민이 주인 되는 나라로 만들겠다고 속삭였다. 주석이 되자마자 먼저 독재성을 보이며 제 맘대로 정책을 폈고, 측근일지라도 감시하며 신임하지 않았다. 지주의 땅을 빼앗아 농민들에게 주며, 집단 농장을 만들어 농사짓게 했고, 추수하면 몽땅 거두어 똑같이 배급제를 시행했다. 남한을 침범해 전쟁하지 않겠다고 김구 선생에게 약속했지만, 모두 거짓말이었다.

**이들의 언어 수법은 듣기 좋은 소리만 한다**

듣기 좋은 말은 이들이 다 한다. 이것은 편견이 섞인 언어를 쓰지 말자는 운동으로 드러나며 평등법을 만드는 수단이 된다. 무엇이든 평등을 강조한다. 평등하다는데 누가 이의를 제기하겠는가? 실상은 이들의 세계야말로 평등 없는 엄격한 계급으로 조직되고 통치된다.

마치 처음에는 물고기를 잡으려고 맛있는 미끼를 주는 것과 같다. 돼지에게 맛있는 음식을 주며 살을 찌운다. 왜? 잔칫날 잡으려고, 돼지는 그 숨은 의도를 모른다. 그래서 이들 사회주의자를 추종하는 백성들을 개, 돼지라고 하는 것이다.

뼛속까지 공산주의자였던 박헌영은 월북하여 김일성에게 충성했지만, 결국 이용 가치가 사라지니 미국의 첩자라고 누명을 씌워 사나운 개에게 물어뜯기는 고문을 하다가 총살 당했다. 그와 함께 월북했던 충성파들도 대다수 처형되었다.

말로는 민주화운동 한다는데 누가 반대하겠는가? 그런데 그 숨은 목적이 지옥 같은 독재 공산화 건설인 것을 모르니 문제다.

일제하의 독립운동을 한 사람 중에는 박헌영, 김원봉, 김성주(김일성) 등이 있지만, 모두 공산국가를 만들기 위한 목표를 가진 자들이었다. 그들은 해방이 되니까 북한에서 김일성을 도와 북한을 공산화했고, 또 남한까지 공산화하려고 6.25를 일으킨 것이다. 이것을 막아 낸 사람이 바로 이승만이고 미국이다. 알겠는가? 이런 사실을 알면서도 친북 반미 언행을 하는 자는 김일성 일가를 주인으로 섬겨 봐야 알 것이다.

아~ 자기 나라 건국에 담긴 정신도 모르는 백성들에게 무슨 소망이 있으랴?

"수많은 희생과 피로 세워진 이 나라 백성이여~
거짓으로 얼룩진 왜곡된 역사 앞에서
순진한 웃음이라니
통탄이로다!"

# Chapter 11
# 페미니즘과 네오마르크시즘

### 페미니즘 (Feminism-여성주의자)

순수한 여성 권익을 위한 운동이면 좋겠는데 분위기는 그렇지가 않다. 페미니즘 (feminism)이란 "성별에 의한 차별을 없애고 여성의 사회, 정치, 법률상의 지위와 역할의 신장을 주장하는 주의이다."

사회주의자들에게는 페미니즘이 아주 좋은 혁명 도구가 되는데, 남성을 가해자요, 여성은 피해자로 둔갑시킨다. "한국양성평등진흥원" 나윤경 원장이 말했다. 그녀는 남녀(性) 평등 교육 영상에서 "남자는 잠재적 가해자다. 나쁜 남자가 아니면 증명하라."라고 말하였다(1921. 4. 10). 기가 막힌 현실이다. 남성을 가해자로 규정해 버렸다.

페미니즘 운동은 오늘날 남녀 차별을 없애는 게 아니라 갈등만 부추기고 있으니, 남녀 간에 원수지간이 될 판이다. 이런 갈등은 공산주의자들이 아주 좋아하는 여지를 만들어 주어 이용하기 딱 좋은 도구가 된다.

남성을 잠재적 성범죄자요, 바라보는 시선이나 말 한마디를 꼬투리로 잡아서 성추행범으로 몰기 쉽고, 남녀 관계를 경쟁 관계로 본다. 서로 존중하고 협력하는 관계로 보는 것이 아니라 남성을 넘어서야 하는 적대 관계로 몰아간다.

좀 더 가면 여성 우월주의로 가고 여기서 지나치면 급진 페미니즘이 되는데 남성을 혐오하게 된다. 소위 남성을 불량한 짐승으로 전제하고, 여성을 보호해야 하는 약자로만 부각시키며 여성만을 위한 투사가 된다.

이런 편향된 사고가 더 나쁜 사회를 만들어 가고 있다. 이런 일들을 일반 학교에서 강의하고 있으니 자라나는 어린 학생들이 편향된 남녀 관념을 잘못 가지게 될 것이 뻔하다.

이것 또한 국민 분열을 획책하는 종북 세력이나 북한이 아주 좋아할 만한 현상이다.

### 네오마르크시즘 (Neo-Marxism 신마르크스주의)

이런 페미니즘 뒤에는 "네오마르크시즘(Neo-Marxism)"이 도사리고 있다. "네오마르크시즘(Neo-Marxism : 신마르크스주의)"이란 기존의 공산주의 방식을 수정하여 인간의 문화 속에서 공산주의로 가는 사회적 시도를 말한다. 다른 말로는 "문화 마르크시즘"이라고 한다. 왜 이들은 문화 속으로 파고드는가?

기존의 전쟁이라는 수단으로 지배국이 되는 것은 수많은 희생과 어려움이 따르고 적의 동맹국들이 합세하면 이긴다는 보장도 없고 국제 사회가 그런 방식을 용납하지 않기 때문이다. 자칫하다가는 국제적으로 고립을 자초하게 된다. 그러므로 시간이 오래 걸리는 단점이 있지만 생활 문화 곳곳에 깊숙이 파고들어 그들의 목적을 이루어 가는 것이다.

북한이 1970년대 이후로 시도한 대남 전략이 바로 문화 마르크시즘이다. 한국군의 막강함과 미군이 있어서 전쟁으로는 안 되니까 남한의 정치, 종교, 학교, 법조계, 언론 방송국 등, 생활 속에 파고들어 반미를 외치고 공산주의에 대한 경계심을 없애고 먼저 이념적으로 같은 편으로 만들어 놓고 그들을 국가 요직에 앉힌다. 그러면 전쟁하지 않고서도 나라를 접수할 수가 있는 것이다.

### 성 개방이 급물살을 타고 있다

이들은 성에 대한 기존 관념을 파괴한다. 동성애 지지, 트렌스젠더(성전환자), 다문화 정착 운동, 이념의 다양성(민주주의와 공산주의 공존) 등을 당당하게 펼쳐간다. 이미, 학교 교과 과정에 파고들고 있다. 곳곳에서 동성애가 아름다운 사랑이라고 가르치고 있다.

이제는 국가안보에 직결되는 군대 문화에까지 파고든다. 최근 휴가 나왔던 군인의 동성애 활동이 알려져 군 재판을 받았으나 무죄로 판결됐다. 군 시설이 아닌 외부에서 했기 때문이란다. 이제 군 내부로 파고드는 것은 시간문제다. 군 인권센터라는 곳에서 하는 일이 그런 것이다. 그렇게 군대도 에이즈나 각종 성병에 노출됨으로써 군의 기강이 해이해지고 안보는 무너지는 것이다. 그래서 종북 세력들은 동성애 입법 활동을 쉬지 않는 것이다.

### 윤리와 가정파괴이다

가정에서 부모님과 자녀의 관계를 깨고, "네 인생은 네가 결정하라.", "어른들이 시키는 대로 하지 말고 네 생각대로 하는 것이 진정한 너다."라고 가르친다. 어른과 아이의 관계를 깨고 유교의 "장유유서"라는 단어를 아예 지워 버린다. 어른을 공경하는 예의범절을 없애버리고 대신 일대일의 관계를 형성한다. 즉 너도 사람이고 나도 사람이다. 인격적 독립체로만 인식하게 하여 기존의 도덕관이나 어른과 선생님의 존경심을 없애 버린다. 국가 파괴의 일환이다.

### 민주사회 질서의 파괴이다
**첫째, 사회구조를 계급사회로 본다.**
자본가를 지배 계급으로 보고 노동자를 하등계급으로 본다. 진짜 계급사회는 공산주의인데 말이다.

**둘째, 가진 자와 못 가진 자를 적대 관계로 설정한다.**
가진 자는 착취자, 없는 자는 착취당한 약자로 설정한다.

**셋째, 자본가를 타도의 대상으로 취급한다.**
노동자와 농민이 잘사는 세상이 되기 위해서는 자본가를 없애야 한다고 부추긴다. 그러나 그것은 거짓이다. 자본가를 다 때려잡는 날엔 일자리는 사라지고 하향 평준화된 노예 같은 생활이 시작되는 것이다.

### 이런 것들이 곧 애국심을 파괴한다
대한민국의 건국이념은 자유 민주국가이다. 자유시장경제이다. 반공 국가이다. 한미동맹이다. 그것은 곧 기독교 정신과 크게 다르지 않다.
애국 애족심이 사라지고 개인의 권리만 강조함으로써 나라를 위한 헌신이나 희생은 희박해지게 만드는 것이다.

예전에는 군대에 가는 것을 당연한 것으로 알고 군 복무를 희생적으로, 애국심으로 했다. 그러나 지금의 군 기강을 보면 격세지감이다.

주적이 없어졌다. 북한이 주적이 아니라 오히려 일본이나 미국이 주적으로 간주 되는 것은 친북 세력들의 선동 결과다. 그런 자들이 어린 학생들에게 북한을 미화하고 미국을 적대시하는 교육을 1989년부터 해온 결과 초중고생 68% 이상이 6.25는 우리 남한이 일으킨 것이라고 말했다. 이것이 일부 선생들이 주장했던 참교육의 결과다.

우리에게는 미국만큼 고마운 존재가 없다. 일제 해방도 미국 덕에 얻었고, 6.25 전쟁도 미국 도움으로 막았고, 경제 발전도 무조건 지원 해온 미국 덕이고, 또다시 전쟁이 일어나면 미국이 침략받은 것으로 여겨 군 69만 명 이상을 즉각 동원하여 싸워 주는 둘도 없는 군사동맹이다. 미국 없으면 한국은 벌써 공산화되어 수령님을 모시고 사는 거지가 되었을 것이다. 그러나 미군 물러가라고 반미 운동이 심해지고 있으니, 아~ 이 백성은 역사를 통해서도 배우지 못하는 무뇌아인가?

**그것은 곧 인간관계의 파괴로 이어진다.**

나 개인의 느낌이나 개인의 욕구에 초점을 두게 함으로써 이기주의가 팽배, 이타심이 사라지게 한다. 자라는 학생들이 이런 환경에서 어른이 된다면, 그 나라 그 사회는 뻔하다. 무식한 돼지 같은 자들만 큰소리치는 살벌한 사회가 되는 것이다. 지금 이 땅은 사회가 혼탁해지고 주사파들이 많아져도 나만 피해가 없으면 그만이다.

## 그 끝은 마르크시즘(Marxism)이 지배하는 세상이 된다

이들의 "문화 마르크시즘"이 익숙해질수록 공산화는 쉬워진다. 온 국가가 퇴폐 국가가 되는 것이고 반공 의식이 사라져 버려서 정신과 육체가 병들어 사회적 국가적인 면역력이 떨어져 버리기 때문에 나중에 깨달아도 항거할 능력이 없어 눈 뜨고 강도당하는 꼴이 될 것이다.

그래서 전쟁보다 문화혁명의 효과를 노리는 것이다. 마치 북한이 70여 년 동안 대남 공작을 펴서 우리 남한에 교육계, 노동계, 법조계, 행정부, 또는 사법부, 정치판에 파고들고 있어도 백성은 보지 못한다. 다행히도 반공 정신을 가진 윤석열 대통령이 당선되는 바람에 저들의 작업은 주춤하는 상황이다. 그러나 그것도 단 5년뿐이다. 그 5년 사이에 저들의 뿌리를 뽑아야 하는데…. 아~ 그럴 가능성은 없어 보인다.

이제 사상과 이념이 왜 중요한지를 알겠는가? 그런데 반공을 말하면 낡은 사고라고 비웃으며 비난하고, 심지어 우리 기독교인들까지 듣기 싫어하는 이가 있으니….

하나님께서는 어느 시대나 선각자를 먼저 보내시고 경고하신다. 그런데 그 선각자들은 하나 같이 푸대접을 받고 무시된다. 그리고 통곡하며 후회하고….

# Chapter 12
## 사탄주의의 10대 목표

> 그때 사람이 너희에게 말하되 보라 그리스도가 여기 있다 혹은 저기 있다 하여도 믿지 말라 거짓 그리스도들과 거짓 선지자들이 일어나 큰 표적과 기사를 보여, 할 수만 있으면 택하신 자들도 미혹하리라 (마 24:23-24).

다시 강조하지만, 모든 반기독교 집단은 서로 연합하고 결탁하여 활동한다. 공산, 사회주의 + 반미, 종북 세력 + 동성애 + 성 개방주의자 + 낙태 + 평등주의(차별금지법) + 종교 다원주의 + 페미니즘 + 뉴에이지 + 포스트모더니즘 등…, 이런 것들은 사탄이 지옥 세상을 만들기에 아주 좋은 도구들이다. 그중의 으뜸은 사탄의 생각과 똑같은 "공산주의와 성 혁명"을 꿈꾸는 혼합주의다.

진보성향의 모든 사람이 모두 그렇지는 않을 것이다. 좌파라고 다 종북인가? 그렇지 않다는 것을 안다. 그러나 불량한 종북 성향의 극진보가 늘 곁에 붙어 친구같이 보이는 게 문제다. 건전한 진보 좌파라면 그런 불량한 좌파들이 곁에 오지 못하게 선을 그어 놓아야 하는 데 같은 자리에 조용히 앉아 있다. 그래서 우리는 차별 대우를 해주고 싶어도 못 할 때가 많은 것이다. 억울한 측면이 있겠지만, 건전한 애국적 진보 인사들이여! 그대들이 종북 좌파와 다르다는 것을 천명하시라! 그러면 국민의 다양한 응원이 있고 우리 기독교의 미소도 볼 수 있을 것이다.

사탄주의자들은 지금 자유민주주의 질서를 깨고 기독교를 무기력하게 만들어 사회주의 유토피아를 건설하겠다는 꿈을 실현해 가고 있다. 지옥을 건설하고 있다는 말이다.

### 가정 · 교회 · 국가를 무너뜨리는 사탄의 10가지 전략

- 신지학협회 창시자 블라바츠키 -

- 엘리스 베일리 -

〈신지학 협회〉 창시자는 블라바츠키이다. 신지학 협회 3대 회장을 역임했던 〈엘리스 베일리〉라는 여인은 루시퍼 트러스트를 창시하였고 사탄 숭배자 중에서도 최고의 자리를 차지했던 인물이다. 그녀가 세상을 사탄의 세상으로 만들기 위해 목표로 삼고 썼던 "10가지 플랜"이란 책을 통해 10가지 지상 목표를 밝혔다.

\* **신지학**(神智學, theosophy)이란 신성한 지혜 혹은 신들의 지혜를 말한다. 신지학은 19세기에 헬레나 블라바츠키를 중심으로 설립된 신지학 협회에서 비롯된 밀교, 신비주의적인 사상 철학 체계이다. 모든 종교, 사상, 철학, 과학, 예술 등 근본적인 하나의 보편적인 진리를 추구하는 것을 목표로 하고 있다. (저자 주)

그녀가 죽은 뒤에도 그 목표는 지금도 실현되어 가고 있다. 기독교 가정에서 나고 자랐으나 기독교를 적대시하며 기독교 가치를 대체할 것으로 다음 10가지 전략을 폈다.

〈사탄 숭배자 엘리스 베일리의 가정, 교회, 국가를 무너뜨리는 10가지 전략〉
 1. 교육 시스템으로부터 하나님과 기도를 제거하라.
 2. 아동들에 대한 부모의 권위를 축소시켜라.
 3. 기독교 가정 구조, 전통적 기독교 가정 구조를 파괴하라.
 4. 프리섹스 사회를 만들라. 낙태를 합법화하고 낙태를 하기 쉽게 하라.
 5. 이혼하기 쉽게 만들고 이혼을 합법화하라.
    평생 결혼의 개념으로부터 사람들을 해방시켜라.
 6. 동성연애를 대체 생활방식으로 만들어라.
 7. 예술의 품격을 떨어뜨려라. 미친 예술이 되게 하라.
 8. 미디어를 활용하여 선전하고 인간의 사고방식을 바꿔라.
 9. 종교 통합 운동을 일으키라.
 10. 각국 정부로 하여금 위의 사항들을 법제화하도록 하고,
    교회가 이러한 변화를 추인하도록 하라.

이 전략은 가정과 교회, 국가를 망치는 지름길임을 쉽게 알 수가 있다. 주의할 것은, 이런 목표는 평등법을 외치고 성 개방을 추구하는 자들이 똑같이 추구하고 있다는 점이다. 이것은 곧 사탄의 전략이다. 좀 더 자세히 보자.

**첫째, 교육 시스템으로부터 하나님과 기도를 없애라**

교육 커리큘럼을 변경하여 기독교 문화와 성경의 속박으로부터 아동을 해방시켜라. 교육에서 하나님을 제거하면 아동들은 하나님을 전혀 모르는 사람으로 자라고 천국이나 지옥 같은 주제는 전혀 관심이 없는, 영성이 사라진 빈 깡통 같은 인생으로 만드는 것이다.

현실은 1962년 6월 25일 케네디 대통령 시절, 미국 연방대법원은 정교 분리 원칙을 내세워 공립학교에서 하나님과 성경을 가르치는 것에 금지 판결을 하였다.

주기도문과 수업 전 기도는 금지되었다. 오히려 미국의 일부 학교들은 힌두교에서 나온 초월 명상법을 가르치고 있는데, 이는 아동들을 의식 전이(轉移) 상태로 만들어 귀신들과 접촉시킨다.

예수님을 존경하면 위험 인물이 되고 학교에서 성경을 읽는 게 금지된다. 성경이 불량서적, 금서 목록으로 분류된 것이다. 미국의 어느 초등학교에서는 자유 학습 시간에 학생 하나가 성경책을 읽었다는 이유로 선생님이 제재하고, 정신 감정을 의뢰했다는 기사를 읽은 적이 있다. 이런 세상이 지금 우리 앞에 펼쳐지고 있다.

**둘째, 아동들에 대한 부모의 권위를 축소시켜라**

이들은 부모와 자녀 사이의 의사소통을 끊어 버린다. 부모들이 자신들이 지키는 성경적 전통을 자녀들에게 물려주지 못하게 함으로써 부모의 속박으로부터 아이들을 해방해야 한다는 것이다. 이를 위해 다음의 구체적 방법을 사용한다.

**아동의 권리를 과잉되게 신장시켜라**

현실은 남아프리카 공화국은 1997~1998년에 유엔이 제정한 유니세프 헌장의 아동 권리를 국내법에 반영했는데, 그 이후 부모나 교사는 아동을 가르치고 명령할 수 없게 되었다. 아동들은 부모에게 "나는 그런 말 듣고 싶지 않아요."라고 말할 수 있으며, 교사에게도 "내게는 권리가 있습니다. 그런 식으로 말하지 마세요."라고 말하게 하여 부모와 교사는 그에 대한 아무런 대책이 없다.

이와 같은 내용들이 우리나라에 그대로 들어와 교육 현장에 적용된다면 교육에 파괴적인 영향을 미칠 것이 뻔하다. 부모나 어른이라고 "무조건 따르지 말고 주체적으로 생각하고 행동하라." 이런 가르침 때문에 부모의 권위에 도전하게 될 것이다.

어른 공경을 가르치는 게 아니라 권위에 도전하는 반항아로 키우는 것이다. 부모라 해도 자녀의 동성애를 반대할 수 없고 자식에게까지 예수님을 믿으라고 말하면 범법자가 된다. 심하면 부모의 양육권이 박탈당한다. 내 자식마저 내가 바로 가르치지 못하는 상황이 되는 것이다.


**아동의 체벌을 폐지하라**

현실은 실제로 오늘날 선진국 대부분의 나라에서는 아동이 아무리 잘못해도 벌할 수 없게 법으로 금지된 실정이다. 한국의 학생인권조례 역시 벌을 일절 금지하고 있다. 이제는 수업 시간에 떠들거나 잠을 자도 혼을 낼 수가 없다. 그저 선생님 혼자 강의 하다가 나가면 그만이다. "학생인권조례"라는 것이 없을 때가 더 좋은 것이 아닌가 하는 생각이 든다.

### 교사들을 10가지 전략의 실행 요원으로 사용하라

교사들이 아동들에게 "네 부모는 너에게 기도하고 성경 읽으라고 가르치고 강요할 권리가 없다. 너는 너다. 너는 너 자신을 발견해야 한다. 자아실현을 해야 한다!"라고 가르치게 하라. 현실은 서양에서는 아이가 7세가 되면 교사가 "너는 부모의 신앙을 따를 것인지 말 것인지 선택할 자유가 있다. 부모가 자녀에게 신앙을 강제할 권리가 없다!"고 가르친다. 기독교 신앙이 가정에서부터 계승되는 것을 막는 것이다.

### 셋째, 기존의 가정구조 또는 전통적 기독교 가정구조를 파괴하라

전통적 가정구조를 없애야 자유가 있다고 한다. 가정이 국가의 핵심이라고 볼 때 만일 가정을 깨트린다면 국가를 깨트리는 것이다. 감금 상태의 가정 구조로부터 사람들을 해방시켜라. 다음은 엘리스 베일리가 제시한 구체적인 방법들이다.

### 성 문란을 조장하라

젊은 층들로 하여금 혼전 섹스를 유행시키고, 프리섹스가 인생 최고의 기쁨이라고 미화시키고 장려하라. 그리고 모든 사람이 혼외정사에 적극적이고 긍지를 느끼도록 조장하라.

### 성적 쾌락이 인생 최고의 즐거움이라고 부추겨라 (선전전략)

즉 광고 산업, 미디어, TV, 잡지, 영화 산업을 이용하여 성적 쾌락을 부추겨라.

음행과 온갖 더러운 것과 탐욕은 너희 중에서 그 이름조차도 부르지 말라 이는 성도에게 마땅한 바니라. 너희도 정녕 이것을 알거니와 음행하는 자나 더러운 자나 탐하는 자 곧 우상 숭배자는 다 그리스도와 하나님의 나라에서 기업을 얻지 못하리니 (엡 5:3, 5).

현실은 저들이 그 목적을 상당히 이루어 가고 있다. 광고업계에 가 보라. 그들은 당신의 주의력을 끌기 위하여 모든 수단을 동원하고 있는데, 오늘날 섹스 코드가 빠진 광고는 하나도 없을 정도이다. 이 정도 되면 우리 기독교가 할 일이 얼마나 많은지 저들을 교화시키기는 커녕 이제는 교회를 지키기도 버겁다.

### 넷째, 프리섹스와 성 개방 사회로 낙태하기 쉽게 만들어라

낙태 병원을 세워라. 학교 안에도 진료소를 만들라. 사람들이 섹스의 쾌락을 누리려면 그에 따르는 불필요한 두려움에서 해방되어야 한다. 다시 말해서 원치 않는 임신으로 인하여 그들의 성생활이 훼방 받지 말아야 한다. 그리스도인들이 말하는 낙태 금지는 우리의 권리를 부정하는 것이다. 아이를 가질지 말지에 관한 권리는 우리 자신에게 있다. 한 여성이 임신을 원치 않는다면 그녀는 고통 없이 가능한 한 쉽게 그 태아를 지워버릴 자유를 가지는 것이 마땅하다. 이렇듯 이들이 하는 짓을 보면 사탄의 자식임이 틀림없다.

현실은 한국에서만 한 해 낙태되는 태아는 당국에서도 정확한 숫자를 파악하지 못하고 있다. 추산하건데 약 50만에서 100만 건 가까이 될 것으로 추측된다. 인구 감소 원인이 바로 이 낙태다. 한국은 세계 최고의 저출산 국가이면서 낙태가 자유로운 국가이다. 옥스퍼드 대학교 인구문제 연구소가 발표하기를 인구 감소로 지구상에서 가장 먼저 사라질 나라는 한국이라고 경고했다(2023년 출산율 0.72명 - 통계청).

**다섯째, 이혼을 쉽게 만들고 합법화하라**

평생 결혼의 개념으로부터 사람들을 해방시켜라. 남녀 간의 사랑은 '사랑 결합(love bond)'이라는 신비로운 신체·정신적 연결이다. 나와 맞는 사람을 만나면 붙잡아라. 그때 그 사람을 붙잡지 못하면 여러 해 동안 불행하게 된다. 그러니, 당신의 행복을 위해 어떤 대가를 지불하더라도 그 사람을 내 것으로 만들어라. 그가 기혼자라 해도 당신 것으로 뺏어라. 성경적 계명의 속박에 얽매이지 말라. 기회는 다시 오지 않는다. 당신에게 필요한 것은 쉽게 이혼하고, 재혼하고, 이를 통해 또 다른 사랑을 허용하는 것이다. 인생은 즐기라고 있는 것이다.

이들의 이런 사고는 오직 변태적 성생활에 미치게 만드는 악마의 세상을 부른다.

> 여호와는 영이 유여(有餘)하실지라도 오직 하나를 짓지 아니하셨느냐 어찌하여 하나만 지으셨느냐 이는 경건한 자손을 얻고자 하심이니라 그러므로 네 심령을 삼가 지켜 어려서 취한 아내에게 궤사를 행치 말지니라 이스라엘의 하나님 여호와가 이르노니 나는 이혼하는 것과 학대로 옷을 가리우는 자를 미워하노라 (말 2:15-16).

**여섯째, 동성애를 대체 생활방식으로 만들어라**

섹스의 쾌락은 인간 최고의 즐거움이어서 누구도 이 즐거움에서 제외되면 안 되며, 그 즐기는 방법에 있어 제약받으면 안 된다. 인간이 스스로 원해서 선택하는 것이라면 근친상간이든 동성애든 수간이든 피차 합의한 것이라면 전부 허용해야 한다.

현실은 동성결혼을 이미 여러 선진국이 합법화하였다. 이제는 동성애를 하나님 앞에서 가증한 것이라거나 죄라고 말하면 "증오 발언"으로 분류되어 불법 행위로 체포, 처벌하고 있다. 한국도 소위 차별금지법을 주로 왼쪽에 있는 의원들이 발의하여 동성애를 합법화하고 이를 반대하면 건당 1천만~2천만 원의 벌금, 반복되면 영창으로 보내는 법을 계속 추진 중이다.

> 너는 여자와 동침함 같이 남자와 동침하지 말라 이는 가증한 일이니라 너는 짐승과 교합하여 자기를 더럽히지 말며 여자는 짐승 앞에 서서 그것과 교접하지 말라 이는 문란한 일이니라 (레 18:22-23).

우리나라는 좌파 정부 시절(2002년) 만들어진 "국가인권위원회, 여성가족부"가 앞장서서 동성애를 합법화하기 위해, 헌법 36조 1항에 있는 "결혼과 가족 관계는 양성을 기초로 성립되고 유지되어야 한다."를 고쳐서, 개헌안에 "양성"을 "성평등"이라고 바꾸어 놓았다. 이것은 동성애를 가능하게 하려는 꼼수이다. 분명히 22대 국회에서 또 개헌을 시도할 가능성이 아주 크다. 차별금지법(평등법)은 동성애 찬성을 강요하는 법이요, 반대하는 다수의 국민을 억압하는 악법이다. 이런 폭력적이고 불평등한 법이 합법화된다면, 다수의 국민은 역차별로 고통을 당할 텐데, 그대 그리스도인이여 그래도 그들을 지지할 것인가?

### 일곱째, 예술의 품격을 떨어뜨려라('미친 예술'이 되게 하라)

예술은 한 사회의 문화를 변화시키는 중요한 열쇠이다. 인간의 상상력을 더럽히고 타락시키는 형태의 예술을 긍정하고 장려하라. 왜냐하면 예술은 인간 영혼의 언어로써 자신의 영을 그림, 음악, 드라마 등의 형태로 표현하는 것이기 때문이다. 그러므로 예술을 더럽고 난잡하게 만들면 영혼도 같이 난잡해지며 기독교적 가치관은 축출당하게 된다. 실제로 예술이라는 이름을 걸면 무엇을 하든지 찬사를 받는다. 길거리에서 벌거벗고 춤을 춰도 행위예술이라면 그만이다. 예술인이 되려면 미쳐야 하나보다.

### 여덟째, 미디어를 활용하여 대중의 사고방식을 바꿔라

인간의 사고와 태도를 바꾸는 데 가장 효과적인 통로는 대중매체이다. 신문, 잡지, 라디오, TV, 영화, 광고를 이용하라. 유신론에서 무신론으로 사고방식을 바꿔야 한다.

현실은 수많은 미디어를 통해 음란, 폭력, 기타 세속적인 자료를 널리 퍼뜨리고 광고하는 일에 엄청난 돈이 투입되고 있다. 결혼보다 혼외 섹스 장면이 80~90배 더 많이 미디어를 통해 나타나며, 마치 성 문란이 인간의 자연스러운 행위인 것처럼, 사람들을 세뇌한다. 영화나 TV 드라마로 동성애를 미화하는 내용이 걸러지지 않고 방영되고 있다.

**아홉째, 종교통합 운동을 일으켜라**

다른 종교들을 관용하고 높여 기독교와 대등하게 만들라. 기독교만이 천국에 갈 수 있는 유일한 길이라는 식의 주장을 공개적으로 분쇄하라. 기독교와 예수를 격하시키고 다른 종교와 그 교주들을 격상시켜라. 인간이 자기 미래를 결정짓는 주인이며 그럴 능력을 갖추고 있다는 인본주의 사상을 부각시켜라(뉴 에이지 운동). 이것이 바로 종교 혼합이요 종교 다원주의로 나타나고 있다. WCC, NCCK가 그런 성향을 보이고 있는데 현재 한국교회 교단 절반이나 가입되어 있다. 그걸 알면서도 입 다물고 탈퇴하지 않는 교단이나 목사들은 무슨 생각인지 모르겠다. 다행히도 요즘 감리교단 내에서 지방, 연회 차원의 탈퇴 운동이 가시화되고 있는데 대형 교회 목사들이 요지부동이라 아직은 역부족이다.

**열번째, 각국 정부가 이러한 내용을 법제화하게 하고,
교회가 이런 변화를 추인하게 만들어라**

정부가 먼저 시행하고 법제화한 후에, 교회가 추인하도록 그 교리를 변경시키고, 사람들을 이러한 무신론적 인본주의 체제 안으로 편입시켜야 한다는 것이다. 그래서 이들은 기독교 안으로 들어오는 것이다.

현실은 많은 국가가 성경에 반하는 법률들을 제정하고 있으며 교회나 교단도 하나님의 말씀을 타협하거나, 이런 사탄주의를 따라가고 있다.

미국이 동성애를 합법화하면서 미국 장로교단과 감리교단도 동성애를 합법화했고 동성애자 결혼 주례를 하고 동성애자 목사를 키워 내고 있다.

우리나라도 이런 부류들이 늘어나면서 법제화를 서두르며 교회 깊숙이

들어오고 있어 교회의 반대운동도 강하게 일어나고 있다. 우리나라는 이미 동성애가 합법화되기도 전에 이미 동성애자들의 기득권과 활동이 보장되어 있고, 언론은 이들을 비난하거나 동성애 폄하 발언 금지, 동성애가 에이즈를 옮기는 주범이라는 말도 못 하게 되어 있다. 행정적으로는 이미 동성애자들을 보호하는 프로그램이 구축되고 엄청난 국가 재정이 지출되고 있다. 모든 조건은 다 준비되어 있고 다만 헌법에 명시되는 것만 남은 것이다. 기독교를 무기력하게 함으로 인해 무제한적인 성적 쾌락의 목표가 90% 이상 성취되고 있음을 본다. 이제는 마지막 남은 교회는 찬성을 강요당하고 있다.

타협하지 말라!<br>
절대로 타협하지 말라!<br>
타협은 곧 죽음이다!<br>
타협은 사탄의 손을 잡고<br>
지옥으로 가는 고속 열차를 타는 것이다.

그와 같이 남자들도 순리대로 여자 쓰기를 버리고 서로 향하여 음욕이 불 일 듯하매 남자가 남자와 더불어 부끄러운 일을 행하여 그들의 그릇됨에 상당한 보응을 그들 자신이 받았느니라 (롬 1:27).

# Chapter 13
## 인권이냐? 신권이냐?

여호와 하나님이 그 사람을 이끌어 에덴동산에 두어 그것을 경작하며 지키게 하시고 여호와 하나님이 그 사람에게 명하여 이르시되 동산 각종 나무의 열매는 네가 임의로 먹되 선악을 알게 하는 나무의 열매는 먹지 말라 네가 먹는 날에는 반드시 죽으리라 하시니라 여호와 하나님이 이르시되 사람이 혼자 사는 것이 좋지 아니하니 내가 그를 위하여 돕는 배필을 지으리라 하시니라 (창 2:15-18).

너희는 내 규례를 행하며 내 법도를 지켜 행하라 그리하면 너희가 그 땅에 안전하게 거주할 것이라 (레 25:18).

우리나라는 본래 군주국가로서 왕을 중심으로 살아온 백성들이었다. 그 일에 불교와 유교가 큰 몫을 차지했다. 그러던 이 땅의 백성이 민주주의란 말을 듣게 된 것은 기독교 선교사들이 들어오면서이다. 아펜젤러, 언더우드 같은 선교사들은 복음과 함께 민주주의가 무엇인지 가르쳤고 의식 있는 당시 소수의 청년은 군주국가를 벗어나 미국처럼 백성이 대통령을 직접 뽑는 민주국가를 위해 투쟁을 하게 된다.

그것을 제일 먼저 외친 사람이 바로 23살의 우남 이승만 청년이었다. 그는 미국이 잘사는 이유가 기독교 신앙을 바탕으로 민주주의를 했기 때문임을 깨달은 것이다. 23살 어린 나이에 왕을 바꾸고 민주화를 이루자고 민주화운동을 하다가 한성 감옥에 5년 7개월 동안 투옥되었다. 그는 감옥 안에서 성경을 읽다가 하나님을 만나고 기도하기를,

**첫째, 주님 이 민족을 구원하여 주시옵소서!**
**둘째, 주님 내 영혼을 구원하여 주시옵소서!**
**셋째, 주님 이 민족의 믿는 사람 100만 명을 주시옵소서!**

그 기도는 60여 년 후 그가 세상을 떠날 때쯤 응답되어 100만 명의 성도가 넘었다. 그는 옥 안에서도 애국지사 40여 명을 전도한다. 그들이 나와서 각 지역에 나가 독립 투쟁을 하고 기독교 정신을 실현해 갔다. 그중 일부가 바로 월남 이상재 선생, 네덜란드 헤이그 특사 이준 열사이다(이호 목사 역사 강의). 기독교 정신을 가진 사람들이 썩은 군주국가를 바꾸고 새로운 세상을 만들자는 최초의 민주화운동을 한 것이다. 이승만은 1948년 5월 31일에 제헌 국회를 처음 연 날 인사말에서 이렇게 입을 연다.

> "이 나라가 5천 년 군주국가에서 민주국가로 될 수 있는 것은
> 인간의 힘이나 능력으로 된 것이 아니라
> 하나님의 은혜로 된 것임을 감사합니다."

그리고 당시 의원 이윤영(목사)에게 개원을 위한 기도를 부탁한다. 그가 나와 20여 분을 기도하며 진지한 시간을 보낸다. 이렇게 이 나라는 처음 시작되는 국회에서 하나님께 감사의 기도로 세워진 것이다.

그런데 지금의 민주주의는 그때와 다르다. 그때의 민주주의 정신은 기독교 정신, 반공정신으로 무장된 민주주의였다. 지금은 민주주의를 외치는 사람만 있고 그 정신은 없다. 그래서 제동장치가 고장 난 기차가 달리듯 고장 난 민주주의가 미친 듯이 달려가고 있다. 결국 민주주의는 아무것이나 먹어 대는 괴물 같은 민주주의 때문에 망할 것이다.

## 초강력 파워 인권(人權 : 휴머니즘 Humanism)이 대세다

이 나라의 시작은 하나님의 주권 앞에 머리 숙여 감사하면서 시작되었다. 그러나 지금은 인권이 신의 자리에 대신 앉아 호령하고 있다. 공산주의만 신을 부정하는 게 아니다. 인권 지상주의도 신을 부정하기는 마찬가지다.

### 인권이 제일이기 때문이다

인권 제일주의는 인간이 신이 되는 사상이다. 왜? 인간 그 이상의 가치가 없기 때문이다. 신의 이름으로는 안 되는 것도 인권을 앞세우면 무사통과 되는 세상이 온 것이다. 인권이 신의 자리를 대신하는 것이다. 인간은 지금 인권 타령하다가 망하게 생겼다.

### 인권 제일주의는 인간을 절대화시킨다

사람들이 오케이 하면 그만이다. 신도 종교도 인간다움도 필요 없다. 오직 인간들이 원하는 세상을 만들자는 것이다. 이것이 인권 제일주의, 그것은 곧 인간이 신의 자리를 빼앗아 버리고 신으로 군림하는 것이다.

### 인권 제일주의는 인간을 타락의 길로 인도 한다

사람이 원한다고 어찌 사람이 다 허용하고 보장해 주겠는가? 이들이 만드는 세상은 짐승의 족보가 될 것이 확실하다. 인권 보호라는 말은 인간을 타락의 길로 밀어 넣는 사악한 악마의 수단으로 변질되고 사탄의 좋은 무기가 되어 버렸다. 그 옛날 사탄이 거짓말로 하와를 위하는 척하여 죽음에 이르게 한 수법이 지금도 인권을 챙기는 척하는 모습으로 다가온 것이다.

### 약해지는 신권

인권을 강조하는 만큼 신권, 즉 하나님의 권리는 사라지고 있다. 인간은 철저히 인간 편에 서 있다. 지금, 인권 앞에 신권은 초라한 신세 수준이다.

인간의 권리와 행복 추구권이 강조되면서 신적인 존재는 인간의 행복을 실현하는 데 큰 걸림돌이 되어 외면당하고 있다. 현재 인간들이 추구하는 인권이란? 한계가 없고 경계선이 없다.

현재 우리나라는 남북이 대치하고 있어서 국방의 의무가 필연인데 급기야 이제는 양심적 병역 거부는 위법이 아니라고 판결이 났다. 이제는 군대 가기 싫으면 대체복무를 선택하면 그만이다. 그것은 여호와증인 같은 특정 종파의 특혜요 앞으로 국방력을 약화시킬 것이 뻔하다.

인권 만능의 시대가 온 것이다. 인간은 지금 무한적 자유를 누리게 해 달라고 아우성치고 있다. 그것은 곧 종말의 대표적 징조이다.

### 인권을 제한하시는 하나님

하나님께서는 인간을 만드시고 자유의지를 주셨지만, 무한 자유를 주시는 게 아니다. 그 자유와 권리 일부를 제한하셨다.

> 선악을 알게 하는 나무의 열매는 먹지 말라 네가 먹는 날에는 반드시 죽으리라 하시니라 (창2:17).

에덴동산에 있는 과일은 다 먹을 수 있는데 한 가지만 금지하신 것이다. 인간의 자유와 선택권을 제한하신 것이다. 인간은 이것을 일컬어 인권탄압이요, 인간의 선택권과 행복 추구권을 박탈한 것이라고 불평한다.

* 인간이 하고 싶은 것을 못 하게 하면 인권탄압인가?
* 동성애 못하게 하면 인권탄압인가?
* 그러면 인간이 하고 싶은 것을 다 하게 하면 인권 존중인가?
* 바빠서 도로를 무단 횡단하려 하는데 경찰이 막는다. 인권탄압인가?
* 고속도로 제한 속도가 100km이다.
   150km로 달리고 싶은데 과속으로 단속하면 국민 억압인가?
* 중고등학생이 술 담배를 못 하게 하는 것은 학생 인권 억압인가?
* 기혼녀가 원하는 혼외정사를 못 하게 하면 행복 추구권에 위배되는가?
* 부모가 자식에게 귀가 시간을 정해주면 인권탄압인가?
* 교회에서 목사만 설교하는 것은 평등권 위배 아닌가?

인권 우선주의자들이 볼 때는 다 인권탄압이다. 저들이 만드는 세상의 문제점은 한둘이 아니다. 자유만 말하고 인간다움을 말하지 않으면 인간은 더 이상 인간이 아니라 본능에 충실한 동물이다. 인간은 무한한 자유를 허락받지 않았다. 인권은 중요하고 존중되어야 하나 그것도 한계가 있다는 말이다.

> 선악을 알게 하는 나무의 열매는 먹지 말라 네가 먹는 날에는 반드시 죽으리라 하시니라 (창2:17).

**하나님의 계명을 어기면 반드시 죽는다는 것이다.**
이것은 인권탄압 중에도 아주 심한 비인간적 협박성 탄압에 해당한다. 그런데 그것은 절대자 하나님의 법이다. 하나님이 인간의 자유를 제한하신 것이다. 하나님은 못 하게 하시는 게 아주 많다. 인권 제일주의자들에 의하면 하나님은 인권탄압의 수괴가 되는 것이다.

다윗은 남의 아내를 탐하다가 하나님께 크게 혼이 났다. 그러면 안 된다는 게 하나님의 법이다. 인권 제일주의자들에 의하면, 하나님은 인간 행복추구권을 위반한 것이고, 남의 아내를 탐하는 성적 지향의 자유를 훼손한 것이다. 또한 하나님은, 하와는 여자, 아담은 남자로 일방적으로 정해주셨다. 인간의 성적 자기 결정권을 위반한 것이다. 야곱과 에서가 태어나기도 전에 인생을 결정하시고, 큰 자가 작은 자를 섬기고 야곱은 사랑하시고 에서는 미워하셨다. 인간의 평등권을 위반하신 것이다. 이렇게 보면 하나님은 반인권의 중심에 있는 못된 신이다.

분명히 하나님께서는 인간에게 자유를 허락하셨지만 제한하셨고, 또한 그 자유에는 책임과 대가가 따른다는 것을 가르쳐 주신 것이다. 그런데 지금의 인간들은 책임 없는 무한 자유만을 갈구한다.

> 그리스도께서 우리를 자유롭게 하려고 자유를 주셨으니 그러므로 굳건하게 서서 다시는 종의 멍에를 메지 말라 (갈 5:1).

### 인간의 타락은 유물론의 부작용이다.

이렇게 막가파식의 인간이 되어 가는 가장 큰 이유는? 인간은 영혼도 내세도 없는 물질로 구성되어 있다는 유물론이 그 바탕에 있다. 그것은 곧 무신론, 진화론, 공산주의를 하나로 묶어 준다. 그래서 유물론은 내일이 없는 인생을 확인시켜주기에 충분하다. 그것은, "죽으면 끝이다! 그 전에 즐기자!"라는 쾌락주의, 한탕주의를 부추기고 될 대로 되라는 막가파 인생이 되게 하는 것이다.

아울러 유물론은 인간의 가치를 축소 시키고, 진화론의 시각을 크게 하여 사람이나 동물이나 같은 선상에 놓고 보게 한다. 인간은 지적 수준이 높기는 하나 다른 동물과 다르지 않고, 진화의 과정에서 나온 동물의 한 종류에 해당한다는 결론에 이르게 한다. 그래서 유물론을 함께 신봉하는 공산주의 혁명 과정에서 사람을 쉽게 죽이는 것이고, 강아지 한 마리 죽이는 것이나 사람 한 명 죽이는 것이나 다르지 않은 것이다. 모두 동물이기 때문이다. 인간에게서 영혼의 가치를 쏙 빼버리면 이렇게 되는 것이다.

유물론이 갖는 또 하나의 부작용은 짐승을 사람으로 착각하게 하는 것이다. 진화론이나 유물론이 동물과 사람의 차이점을 없애 버리기 때문이다. 그것은 인간을 향한 사랑과 관심이 식으면서, 대신 인간 사랑의 투여가 왜곡되어 동물에게 흘러가게 하는 것이다. 사람을 사랑하는 것이나, 동물을 사랑하는 것이나 같은 것이기 때문이다.

하나님은 인간을 천하보다 귀하게 여기시어 친히 이 땅에 오시어 죄없이 대속의 제물이 되시기까지 우리를 사랑하셨다.

> 아버지께서 나를 아시고 내가 아버지를 아는 것 같으니 나는 양(사람)을 위하여 목숨을 버리노라 (요 10:15).

하나님의 관심은 온통 사람에게 있다. 온 세상을 창조하시고 사람에게 관리를 맡기셨으며, 사람을 구원하시기 위해 오셨고, 사람을 위해 고난 당하시고 사람을 위해 죽으셨으며, 사람을 위해 부활하시고 승천하시고 또한 자기의 사람을 위해 다시 오실 것이다. 짐승을 위해 오셨다는 구절은 단

하나도 없다. 오직 죄인들을 위한 희생 제물로 오신 것이다. 그래서 우리는 그 하나님을 사랑하고 사람을 사랑하는 일을 가장 크고 소중하게 보는 것이다.

동물은 자연의 일부이다. 아울러 동물 사랑은 자연 보호의 수준으로 하면 충분한 것이다. 그런데 지나칠 정도가 아니라 동물을 사람 수준으로 끌어 올려주고자 엄청난 수고와 희생을 하고 있다. 그 결과 애완동물의 권리가 높아지고 좋은 환경도 만들어진 게 사실이다.

그래서 결혼한 부부가 아기를 낳지 않고 대신 애완동물을 기르는 수고를 아끼지 않는다. 동물이 곧 아기와 대등해지면서 아기보다는 동물을 선호하는 기현상이 생긴 것이다. 사람에게 가야 할 사랑을 동물에게 다 쏟는 것이다. 그만큼 인간 사랑의 몫은 줄어들었다. 출산율이 줄어드는 이유이기도 하다.

이런 이야기를 누군가에게 했더니 인간은 배은망덕한 짓을 하지만 동물은 인간을 배신하지 않기 때문이란다. 짐승이 배신하지 않는 게 아니라 못하는 것이다. 그게 한계요 그럴만한 능력이 없는 미물이기 때문이다. 그 사랑의 수고를 사람에게 집중시킨다면 이 사회는 더욱 아름답고 밝아지리라! 당신의 그 사랑의 절반만이라도 사람에게 쓰면 안 될까?

이제는 애완동물과의 관계가 엄마 아빠, 아들딸의 관계로 올라섰다. 사람 이름을 지어주기 때문에 이름만 들어서는 사람인지 동물인지 구별이 안 된다. 개를 개라고 했다가는 욕을 먹고 지적을 당한다.

공원 벤치에 앉아 쉬는 중에 어느 여자가 데리고 온 강아지가 심하게 짖어대는 통에 할아버지 한 분이 "개 좀 조용히 시키세요! 시끄러워 죽겠네!" 했더니 여인 왈, "어머! 개라뇨! 우리 아들 민수인데~!" 하더란다. 그 말을 듣던 할머니가 놀라면서 하는 말 "오메~ 어쩌다 강아지를 낳은겨?"

이제는 그 민수(?)가 죽으면 부고장 돌리고 사람 장례식 수준으로 지낸다. 극락에 가라고 49재를 드리며 빌어주는 사람도 있다. 동물들을 성당에 모아 놓고 함께 예배드리고 세례까지 주는 시대가 지금이다. 허기야, 동물 인형과 결혼식을 올리는 사람도 있으니 이 정도는 약과 아닌가?

어느 개 전문 조련사는 이렇게까지 말한다. "강아지와 같이 놀아줄 생각이 없으면 기르지 말라 그런 사람은 기를 자격이 없다."라고 말이다. 이제 동물을 기르려면 함께 먹고 규칙적으로 놀아주고, 대화하는 자격증을 따야 할 판이다. 애완동물 한두 마리 데리고 공원 산책 정도 해주어야 수준 있는 문화인으로 인정 해주는 분위기다. 동물에 의해서 사람의 의식 수준이 정해지는 것이다. 서울시에만 애완견이 61만 마리가 넘고, 이제는 우리나라 인구의 10분의 1만큼의 자리를 애완동물이 차지하고 있다. 보신탕도 금지되었으니 그 숫자는 엄청나게 늘어나고 부작용도 있을 것이다.

언젠가 한 여자가 서너 살 된 아기와 함께 무단 횡단을 하는 장면을 보았다. 위험한 길을 건너오는 그 아기에게는 빨리 따라오라며 손짓한다. 그런데 그 여인의 품 안에는 강아지가 편안히 안겨 있었다. 아기와 짐승의 자리가 뒤바뀐 것이다. 그것이 의식 있는 문화인인가? 나는 그런 사람들에게 말해주고 싶다. 그런 정성이 있다면 당신은 고아 두 명은 데려다가 키울 수 있다고 말이다. 그러면 한 영혼을 구원할 수도 있고 주님도 크게 기뻐하실 일이다.

주님의 관심과 사랑은 온통 사람에게 있는데, 사람의 관심과 사랑은 온통 동물에게 옮겨 가고 있다. 드라마 영화마다 애완동물을 위한 지극한 사랑과 그 동물을 위해 목숨을 거는 장면이 흔하다.

오해하지 말라! 나의 이런 말에 이의를 제기할 수도 있을 것이다. 나는 지금 동물을 천시하라는 말을 하는 게 아니다. 당신의 동물 사랑에 시비를 걸 생각도 없다. 나도 강아지 여러 마리를 기르며 산책도 하며 놀기도 했다. 닭, 토끼, 고양이 햄스터까지 길렀다. 다친 동물을 치료하고 돕기도 했다.

나는 이글을 우리 그리스도인들이 읽을 것을 염두하고 쓰고 있다. 당신이 그리스도인이면 조금만 더 생각하기를 바란다. 우리의 지나친 동물 사랑이 인간과 동물의 한계를 허물어, 동물이 사람인 줄 착각하게 하고, 사람(이웃)을 사랑하라는 주님의 말씀을 비틀어, 엉뚱한 곳으로 가게 하는 사탄의 교묘한 속임수가 될 수 있음을 지적하는 것이다.

> 거짓 선지자가 많이 일어나 많은 사람을 미혹하겠으며 불법이 성하므로 많은 사람의 사랑이 식어지리라 (마 24:11-12).

사람 사랑은 식어지는데 동물 사랑은 엄청나게 커지고 있다. 관련 산업도 급성장하고 있다. 수간(獸姦)도 동성애도 아름다운 사랑이라고 보듯이, 인간의 본래 모습에서 많이 이탈하고 있다. 수많은 사회적 현상이 그런 식으로 흘러가고 있다.

> 너는 이것을 알라 말세에 고통하는 때가 이르러... 무정하며 원통함을 풀지 아니하며 모함하며 절제하지 못하며 사나우며 선한 것을 좋아하지 아니하며 배신하며 조급하며 자만하며 쾌락을 사랑하기를 하나님 사랑하는 것보다 더하며 경건의 모양은 있으나 경건의 능력은 부인하니 이 같은 자들에게서 네가 돌아서라 (딤후 3:1-5).

이 말씀은 말세에 우리 사람들이 갖게 되는 심성을 밝혀 주고 있다. 무정해지고 원한을 풀지 않고 모함에 절제하지 않고, 사나워지고 선을 싫어하고 조급하고 자만하고 쾌락을 따라 하나님을 버린다. 이런 현상은 인간에게 고통이 된다는 말씀이다.

이렇게 사람을 향한 사랑은 사라지고 무정해지는데 동물 사랑은 한없이 관대하고 너그럽고 신뢰도 두텁다. 그래서 믿고 방심하다가 물려서 장애를 입고 사망에 이르기도 한다. 동물은 믿음의 대상이 아니고 사람은 더더욱 아니다. 인간이 돌보는 관리의 대상이다. 하나님이 아담에게 다스리라고 명하신 대상일 뿐이다. 이런 현상도 알고 보면 평등을 강조하고 혼합주의를 만들어 가는 현 사회의 영향이다. 사람이나 동물이나 권리 평등, 성평등의 시대가 도래했다. 우리는 지금 인간 생활에 아주 중요한, 구별이 사라지는 희한한 시대를 살고 있다. 지금 인간들이 쏟아 내는 그 사랑의 상당량이 본래 주님의 것이요, 다른 사람의 몫이라는 것을 아는지…. 주님이 명하신 그 사랑은 지금 상당 부분 낭비되고 있다. 강조하기는 "동물이 사람 대우받는 세상보다 사람이 사람 대우받는 세상이 더 아름다운 것이다."

### 인권이 신권을 침해할 수 없다

즉 내 권리를 누리고자 타인을 괴롭혀서는 안 되듯이 인간의 권리를 누리고자 하나님의 절대 주권을 침해해서는 안 된다.

### 인간의 영역이란 신이 허락한 범위이다.

선악을 알게 하는 나무의 열매는 먹지 말라는 말씀으로 하나님은 인간의 권리와 자유의 범위를 정해주셨다. 그러나 인간들은, 그것은 인권 침해라고 악을 쓰며 금지된 열매를 먹을 자유를 달라고 하나님을 비난하는 것이다. 우리 기독교는 동성애 합법화를 반대한다. 그것은 우리의 신앙 양심을 지키는 길이기 때문이다.

> 이와 같이 남자들도 순리대로 여인 쓰기를 버리고 서로 향하여 음욕이 불 일 듯하매 남자가 남자로 더불어 부끄러운 일을 행하여 저희의 그릇됨에 상당한 보응을 그 자신에 받았느니라 (롬 1:27).

> 너는 여자와 동침함같이 남자와 동침하지 말라 이는 가증한 일이니라 너는 짐승과 교합 하여 자기를 더럽히지 말며 여자는 짐승 앞에 서서 그것과 교접하지 말라 이는 문란한 일이니라 너희는 이 모든 일로 스스로 더럽히지 말라 (레 18:22-24).

동성 간음과 수간을 일컬어 가증하고 더러운 짓이라고 하셨다. 죽을죄라고 하셨다. 무슨 말이 더 필요한가? 우리 그리스도인들에게 동성 간음을 찬성하라고 법으로 강요하는 것은? 우리에게 죽으라는 말과 같은 것이다.

### 민주주의란 무한 자유를 말하는 것이 아니다

자유와 인권이란 말로 무한 권리를 누리려 하는 것은 절대 안 될 말이다. 하나님께서는 인간에게 소중한 자유를 주셨지만, 무한히 허락된 것이 아니요, 도리어 자기 행동에 책임을 엄하게 물으신다.

### 인권은 신권 아래 있어야 한다.

인권이 신권보다 크지 않고 인권은 인간다움을 지키는 데 사용해야 한다. 그런데 인권이 신권을 넘어서고 있다. 아예 겁을 상실하고 피조물이 창조주를 짓밟고 있다. 인간의 권리가 아무리 크다 한들 창조주보다 더할까? 내 욕심과 즐거움을 위해 부모도 몰라볼 정도라면 그것은 패륜이다. 내 권리를 누리려고 하나님의 영역을 침해하지 말라! 하나님의 권리를 짓밟는 인간의 오만한 권리 주장은 도리어 인권을 박살 내고 각종 범죄의 길로 안내하는 사탄의 수법이다.

동물 사랑을 강조하다가 보니 이제는 그게 지나쳐서 동물이 사람인 줄 알고 죽으면 부고장을 돌리고 장례를 치르고 화장해서 봉안당에 모시고 그로 인해 들어가는 의료비나 양육비는 사람을 양육하는 것보다 더하다. 자기를 낳아 주고 길러준 부모에게는 애완동물에게 쏟는 애정만큼이나 하고 있는지 궁금할 뿐이다. 그래서 그런지 웃지 못할 이런 우스갯소리가 나왔다.

시골의 아버지가 아들네 집에 들러 작은 방에서 자려는데, 아들 내외의 안방에서 대화하는 소리가 들린다. 며느리가 아들한테 묻는다.

"여보~ 우리 집에서 제일 소중한 사람이 누구야?" "그건…. 당신이지"
"그러면 두 번째는?" "그건, 우리 아들이지!"
"3번 째는?" "자가용이지" "4번 째는?" "귀여운 강아지" "5번은?"
잠시 생각하다가,
"우리 아버지!"
다음 날 아버지는 말없이 작은 메모지를 남기고 가버리셨다.
"아들아, 잘 있거라!" "5번은 간다!"


동네 고양이와 강아지가 만났다.
강아지 : 야, 고양이야, 너는 어떻게 사니?

고양이 : 응, 나는 잔디 마당에서 즐겁게 놀면서 말 안 해도 같이 사는 사람
들이 맛있는 생선을 매일 줘서 배부르게 산다! 내가 주인인가 봐!

강아지 : 그 정도냐? 나는 멍멍! 소리 한 번 하면 사람들이 먹여주고, 입
혀 주고, 간식 주고, 목욕시켜 주고, 똥오줌을 싸도 불평 없이 다
치워 주고, 추우면 안아주고, 더우면 에어컨을 틀어주고, TV도
시청하고, 일주일에 한 번씩 자가용 타고 멋진 공원에서 놀다가
온다! 아마도, 내가 하나님인가 봐!

현재 인간이 정해 놓은 권리 서열을 나열해 보겠다.
**1위 : 인권,　　2위 : 동물의 권리,　　3위 : 신권(하나님)**

**과유불급(過猶不及)!** 정도가 지나치면 모자람만 못하다는 말이 꼭 맞는다. 인간은 지금 자유가 넘쳐서 망나니가 되어간다. 인권이라는 바벨탑이 하나님의 진노를 부르고 있다. 한없는 자유를 위해 인권을 강조하는 것이다. 부디 우리는 창조주 하나님의 절대주권 아래 있어야 한다. 그것이 곧 나의 인권을 보존하는 것이요 살길이다. 인간의 참 목적은 하나님을 영화롭게 하고 그분으로 인해 즐거워하는 것임을 결코 잊지말자.

> 이 백성은 내가 나를 위하여 지었나니 나를 찬송하게 하려 함이니라 (사 43:21).

> 그런즉 너희가 먹든지 마시든지 무엇을 하든지 다 하나님의 영광을 위하여 하라 (고전 10:31).

# Chapter 14
# 낙태에 대한 성경적 진단

낙태 또한 공산, 사회주의자들이 원하는 바이다. 소련이 공산국가를 세우자마자 낙태를 허용했고, 한국의 극좌파들도 그런 선상에 있기는 마찬가지다. 조상의 그 피가 어디 가겠는가?

이들은 왜 낙태를 쉽게 생각하는가? 자유로운 성생활에 방해가 되기 때문이다. 임신이 되고 낙태를 금지하면 사생아들이 여기저기 출생하게 될 것이고, 그러면 자기들의 성적 유희가 불편해지고 도덕적 문제가 부각되기 때문이다. 자기들의 쾌락을 위해서 자식을 죽이는 것이다.

이렇게 인간의 존엄과 인권을 강조하는 자들이 아기들의 인권은 모른다. 이것이 이들의 두 얼굴이다. 남의 생명을 파리 목숨처럼 여기는 이들은 자기 생명의 보존을 위해서는 못하는 짓이 없다. 낙태 옹호론 자들은 종북 좌파들과 한 팀이 되어야 할 운명이다.

**우리나라의 모자 보건법에 따르면 낙태 허용은 5가지 경우뿐이다.**
* 우생학적 또는 유전학적 정신장애나 신체질환이 있는 경우
* 전염성 질환이 있는 경우
* 강간 또는 준강간 때문에 임신 된 경우

* 법률상 혼인할 수 없는 혈족 또는 인척간에 임신한 경우
* 모체의 건강을 심히 해하고 있거나 해할 우려가 있는 경우이다.

　이런 법률 때문에 법의 빈틈을 이용한 낙태는 합법적으로 행해지고 있다. 현재 행해지는 낙태는 심각한 죄악이요, 잔혹한 살인 행위이다. 한국에서는 2022년 현재, 신생아 출생 약 27만 명에 비해 사망자는 29만 명 대를 보인다. 인위적 낙태 건수는 2000년 이전만 해도 연 150만 건이나 된다. 현재로는 최소 수십만 건에 달할 것이다. 이보다 더한 폭력이 어디에 있겠는가? 인권을 그리 가장 강조하는 사회 속에서 태아에게는 어찌 그리 악마 같은가? 낙태는 "너희는 살인하지 말라!"고 하신 하나님의 명령을 거역하는 것이고 헌법에 명시된 인간 생명 존엄성에도 배치되는 것이다. 이것은 분명 사탄의 역사요, 사탄의 백성이 사는 땅이라고 할만하다.
　보스턴에서 2023년 4월 28일(금)~4월 30일(일) 열린 최대의 사탄 집회가 있었다. 노골적으로 사탄을 숭배하는 Satanic Temple! 일명 사탄 사원의 전략과 영향력은 우리의 상상을 초월한다. 동성애와 종교 통합을 이루고 기독교 탄압을 목표로 한다. 2012년에 세워진 사탄 사원은 회원이 70만 명에 달하고, 미국 전역 50개 주에 지부가 있으며 현재 세계 17개 나라에 지부가 있고, 이들은 사탄의 가정, 사탄의 음식 만들기와 동성애를 적극 지지하며 낙태 자유화를 위해 각 주와 미연방 헌법 수정까지 로비하고 있다.
　태아는 수정되는 순간부터 독립적 인격체이다. 현행 〈모자보건법〉은 산모나 배우자, 의사의 임의적인 상황 판단에 의해, 낙태를 할 수 있는 구실을 제공함으로써 태아의 인권을 전혀 고려하지 않았고, 올바르지 않은 가

족계획 방법을 권장함으로써 이를 묵인하거나 동조해 왔다. 낙태는 결국 인간 속에 깊이 뿌리박고 있는 죄악의 본성과 이기심 그리고 인간이 물질에 불과하다는 세속적(진화론, 유물론) 사고에 근거한 인간 스스로 가치를 떨어뜨린 결과이다. 인구 절벽의 심각한 문제를 해결하려면 먼저 낙태를 금지해야 할 것이다.

## 그러면 낙태란 과연 무엇인가?

낙태는 잉태된 태아를 자연 분만 시기에 앞서서 죽일 목적으로, 모체로부터 인위적으로 분리함으로 소멸시키는 것을 말한다. 과거와는 달리 지금은 의학이 발달 되고 인구 폭발에 대한 억제 요구, 개인의 이익이나 성 개방으로 치닫는 사회적 현상으로 낙태가 지속되는 것이다.

국제 가족계획 연맹의 보고에 의하면 한해 전 세계 신생아 수는 9천만이고 그중 낙태로 죽는 태아는 대략 5천5백만 명, 낙태 수술을 받다가 사망하는 임산부는 20만 명에 이른다. 전 세계의 2/3 국가들이 인공유산을 부분적으로 합법화하고 있다. 그러나 합법이건 불법이건 거의 모든 나라에서 오래전부터 고의적인 낙태가 행해지고 있다. 후진국에서는 무지로 인한 낙태가 많고, 유럽과 같은 선진국에서는 여성 해방운동과 페미니즘 혹은 개인의 행복 추구권의 잘못된 적용으로 낙태가 자행되고 있다.

정부는 정책적으로 인구 증가율을 낮추기 위해 낙태를 유도했고 낙태 수술이나 불임 수술을 지원해 주었다. 한때는 셋째 아이를 낳을 때 여러 가지 불이익이 돌아가게 함으로써 간접적으로 낙태를 조장했다. 지금은 성도덕의 문란으로 인한 미혼모 임신으로 낙태가 더욱 많아지고 있다.

최근 남녀 출생 비율은 첫아이의 경우 105:100인데 비해, 둘째의 경우 121:100, 셋째의 경우 141:100, 넷째의 경우 242:100이다. 이것은 우리 사회에 남아 선호 사상이 얼마나 뿌리 깊게 자리 잡고 있고 얼마나 큰 죄악을 저지르고 있는지를 잘 보여주고 있다.

결국에 지금은 우리나라는 출산율 0.72명(2023년)으로 세계에서 출산율이 제일 낮은 나라로 떨어져 인구가 줄어드는 심각한 문제에 당면해 있다. 2100년에는 인구가 약 2천만 명대로 떨어진다는 진단이 나왔다. 그래서 이제는 출산을 장려하는 각종 혜택으로 호들갑을 떨고 있지 않은가?

### 낙태를 줄이는 것만으로도 인구 감소 문제는 해결된다

인구 감소의 이유로는 첫째는 독신자가 늘어나고 둘째는 결혼해도 자녀를 낳지 않는 것과 셋째는 낙태이다. 이 가운데 낙태는 인구 감소의 가장 큰 원인이라고 본다.

낙태는 1990년대까지만 해도 일 년에 약 150만 건으로 추정되었다. 지금은 연 50만 건 정도로 예상된다. 보건 당국에 보고 된 것보다 보고되지 않은 건수가 더 많기 때문이다. 이 중 20%만 줄여도 인구 감소 문제는 해결된다. 30% 줄이면 인구는 자연 증가하게 된다. 그런데 국가와 지자체에서는 인구 감소 문제를 어떻게든 아이를 낳게 하려는 방법으로 주택을 주고 돈으로 해결하려고 하니 답답한 노릇이다.

낙태를 그냥 두고서는 인구 감소 문제를 절대로 해결하지 못할 것이다. 다른 것은 뒤로하고서라도 지금 당장 낙태를 줄이는 생명 운동을 정부 차원에서부터 강력하게 시행해야 한다.

한국은 이대로 가면 지구상에서 가장 먼저 사라질 나라가 되어 버린다. 인구 감소의 문제를 다른 데서 답을 찾지 말고 낙태를 줄이는 데서 찾는다면 쉽게 해결될 것이다.

## 낙태는 왜 반성경적인가?

### 낙태는 명백한 살인이기 때문이다

태아는 수정된 순간부터 독립적인 인격과 하나님의 형상을 지닌 생명(창 1:26-28, 시 139:13-16)이다. 따라서 이 생명을 임의로 유산시키는 것은 살인이다. 수정되는 순간부터 완전한 인간이라는 기독교인의 입장은 단순히 종교적 신념이 아니라 진리이며 과학적 사실이다. 수정된 후 어느 시점부터 태아를 완전한 사람으로 볼 것인가에 대한 과학적, 철학적 논쟁이 있지만 그뿐이다.

수정된 태아는 1개의 세포가 2, 4개로 자라면서 수정된 지 23일이 되면 이미 심장이 형성되어 뛰기 시작하고 45일쯤 되면 뇌가 구성되어 뇌파가 감지된다. 12주 정도 되면 이미 몸의 모든 형체가 생길 뿐 아니라 손톱도 생기고 지문도 발견되며 성구별이 가능해진다.

우리나라의 경우 임신한 날로부터 28주(7개월) 내에는 낙태할 수 있도록 명시되어 있으나 28주면 아기는 이미 잠을 자다 깨기도 하고 딸꾹질도 하는 완전한 인간인데, 마치 몸의 혹을 하나 떼 내는 듯 쉽게 행해지고 있다. 이것은 생명의 창조주 하나님이 도저히 참으실 수 없는 저주를 부르는 것이다.

### 태아도 사람이기 때문이다

학자의 말을 빌리지 않아도 "사람의 생명이 수태로부터 시작되는 한, 태아는 사람이다." 지극히 맞는 말이다. 지금 내가 존재하게 된 최초의 과정은 수태라는 절대 불변의 절차가 있었기 때문이다.

하나님께서 인간을 번성시키는 방법으로 수태라는 과정을 거치게 하셨다. 그러므로 태아는 이미 하나님 앞에 사람의 자격을 얻고, 이 땅에 보내어 사람으로 살게 하시려는 하나님의 계획이 진행 중인 인격체이다.

의사가 아기 생명의 생사여탈권(生死與奪權)을 가졌는가? 정치인이 무슨 자격으로? 우매한 인간들은 나보다 좀 더 우월하거나 배운 사람의 말이면 그저 옳은 줄 알고 따라간다.

태아가 출산하기 전에는 사람이 아니고 혹 덩어리라고 어느 의사나 유명한 박사가 말한다면 무지한 대중은 태아를 간단한 혹 덩어리로 취급하게 된다. 이것이 많은 대중들을 몰고 다닐 수 있는 여건이 된다.

그래서 우리 기독교인들은 사람의 말보다, 하나님은 어떻게 말씀하시는가에 관심을 가져야 한다. 하나님의 뜻을 찾으면 더 이상 인간끼리의 논쟁은 필요 없다. 현명한 그리스도인이라면 성경에서 답을 찾아야 한다.

### 태아가 사람인 성경적 이유

#### 예수님도 태아의 과정을 거치셨다

성령의 능력으로 마리아의 몸에 수태되어 사람의 형상을 입으셨다. 예수님이 태아로 계실 때에는 메시아가 아니었던가? 구세주가 아니었던가? 마리아가 수태하자마자 태중의 예수님을 알아보고 엘리사벳이 성령의 감동으로 고백한 말이 있다.

> 엘리사벳이 마리아의 문안함을 들으매 아이가 복중에서 뛰노는지라 엘리사벳이 성령의 충만함을 입어 큰 소리로 불러 가로되 여자 중에 네가 복이 있으며 네 태중의 아이도 복이 있도다 내 주의 모친이 내게 나아오니 이 어찌 된 일인고 (눅 1:41-43).

"내주의 모친이 내게 나아오니…." 태중의 아이를 보고 "내 주"라고 했다. 이제 막 며칠 안 된 태아이지만 그분은 예수님이고 구세주이시다. 만일 태아가 혹이나 살덩어리에 불과한 것이라면 엘리사벳의 이런 고백이 나올 수가 없다. 예수님은 수태되는 순간부터 사람이셨고 우리들의 구세주이셨다. 이로써 인간들의 "태아가 인간인가? 아닌가?"라는 논쟁이 부질없는 짓이요, 쓸데없는 말싸움임을 분명하게 밝혀 준다. 더 이상 무슨 말이 필요한가?

## 세례요한은 모태에서 성령의 충만을 입었다

> 저가 주 앞에 큰 자가 되며 포도주나 소주를 마시지 아니하며 모태로부터 성령의 충만함을 입어 이스라엘 자손을 주 곧 저희 하나님께로 많이 돌아오게 하겠음이니라 (눅 1:15-16).

세례요한이 모태에서 성령의 충만을 입었다는 것은 태아가 어떤 존재이냐에 대해 중요한 의미를 분명하게 가르쳐 주며 이 논쟁에 대한 종결을 지을만한 답이 들어 있다.

> 모태로부터 성령의 충만함을 입어… (눅 1:15).

이 말씀은 태아도 사람이라고 단정 짓는다. 태아가 사람이기에 성령님이 임하신 것이다. 사람이 아니라면 성령님이 임하시지 않으셨을 것이다. 하나님의 영은 인격적 존재와 유기적 관계를 유지하고 계신다. 즉 성령님은 짐승이나 식물에 임하시는 일이 없다. 그런 것들은 다스림의 대상일 뿐 인격적 교제의 대상이 아니기 때문이다. 즉 성령님이 강아지에게 충만히 임하시어 계시를 내리시거나 참나무에 임하시어 기적을 행하셨다는 말씀은 있을 수 없는 것이다. 그런 것들은 도구로 사용하실지언정, 그 속에 임하시지는 않으신다. 오직 유일하게 인간만이 하나님의 신을 받는다. 그것은 인간이 하나님의 형상을 따라 인격적이면서 영적 존재로 창조되었기 때문이다. 그러므로 태아에게 성령이 임하셨고 그것도 충만히 임하셨다는 것은 두말할 것 없이 태아도 사람이요, 당연히 하나의 인격체로 여기신다는 증거이다.

### 태아를 조성하는 분이 바로 하나님이시기 때문이다

주께서 내 장부를 지으시며 나의 모태에서 나를 조직 하셨나이다 (시 139:13).

태아가 사람이 될 수 있는 가장 큰 이유가 바로 이것이다. 하나님께서 사람을 만드시는 장소를 모태로 택하셨다는 사실이다. 아이는 열 달이나 걸쳐 완성된 하나님의 걸작품이다. 태아를 건드리는 것은 신의 영역을 침해하는 가장 큰 죄악이다.

### 하나님의 선택과 계획은 모태에서부터 시작된다

여호와께서 그에게 이르시되 두 국민이 네 태중에 있구나 두 민족이 네 복중에서부터 나누이리라 이 족속이 저 족속보다 강하겠고 큰 자가 어린 자를 섬기리라 하셨더라 (창 25:23).

내가 모태에서부터 주의 붙드신 바 되었으며 내 어미 배에서 주의 취하여 내신 바 되었사오니 나는 항상 주를 찬송하리이다 (시 71:6).

하나님은 태아를 태어나기 전부터 사람으로 여기시고 택하시어 그 인생을 계획하시고 이끄신다. 이것으로 태아는 사람임이 충분히 증명된다. 하나님께서는 인생을 모태에서부터 시작하시는 것이다. 그래서 인생의 시작은 출생부터가 아니라 모태에 잉태되는 순간부터 시작된다.

우리 그리스도인은 인생과 관련한 해답을 성경에서 찾는 것이 안전하다. 그러면 더 이상 논쟁할 필요가 없다. 인생 문제의 해답은 하나님이 주신다. 그 이유는 하나님은 인간을 창조하신 주인이시기 때문이다.

## 낙태는 한 사람만 죽이는 것이 아니라 그 후손까지 죽이는 연쇄적 살인 행위이다

그래서 살인죄가 매우 큰 것이다. 그 태아가 무사히 출산하였다면 분명히 장성하여 가정을 꾸리고 자녀를 낳았을 것이다.

내가 어머니 뱃속 임신 7~8개월 때, 나의 어머니는 살기가 힘들고 또 딸을 낳게 될까 봐 언덕에서 뛰어내리고 배를 움켜쥐고 비틀고 꼬집고 해서 태아를 떼어 버리려고 했다고 한다. 다행히 어머니의 그런 시도는 실패로 끝나서 내가 태어났고 지금 나는 사랑하는 아내와 다섯 아이와 손자들을 두고 있다. 만일 그때 내가 어머니 배속에서 죽었더라면 나와 지금의 아이들은 없었을 것이요, 나를 통한 나의 가문은 사라졌을 것이다. 또한 우리 삼포사랑교회도 개척하지 못했을 것이고 또 이런 글을 쓰고 있겠는가?

낙태란 이러한 가능성을 원천적으로 막아 버리는 가히 말할 수 없을 정도로 막중한 죄악이다. 한 가문을 말살한 것이요, 수백, 수천, 수만 명의 미래의 생명을 원천적으로 죽인 것이다. 그래서 모든 살인죄가 무섭고 하나님의 큰 진노를 부르는 것이다. 이래도 낙태를 가볍게 볼 사람이 있을까?

**낙태는 하나님의 뜻과 섭리를 정면으로 거역하는 신을 향한 도전 행위이다**
어떤 사람이든지 의미 없이 태어난 자는 없다. 개개인을 통한 하나님의 뜻과 섭리가 있다. 그런데 모태에서 제거된다면 이런 하나님의 계획을 원천적으로 방해 하는 죄악이 아니겠는가? 과거에 낙태된 사람들이 지금 살아 있다면 분명 적지 않은 일을 하고 더 다양한 사람들과 어울려 많은 업적을 이루며 살고 있을 것이다.

### 낙태 예방을 위하여

의사들의 생명 윤리 확립, 올바른 피임사용의 보급, 정부의 사회보장을 강화해야 할 필요가 있다. 무엇보다 먼저 낙태에 대한 일반 시민의 의식개혁이 절실하다. 흔히들 낙태가 여성만의 문제라고 착각하기도 한다. 그래서 어리석게도 낙태할 수 있는 권리를 획득하는 것이 여성해방운동의 승리라고 생각한다. 의사들이 모자보건법상의 허용 사유에 해당한다고 판단하여 낙태 시술을 하는 경우가 전체의 5% 이하이며 나머지 95%는 의사들의 돈벌이로 시술했다고 보는 분석도 있다. 낙태를 하나의 수입원으로만 보는 의사들의 시각도 바로잡지 않는 한 낙태 시술은 계속될 것이다.
여기서 성경 중심 교육의 중요성만 잠시 강조하면, 건전한 성교육을 실시하는 것이다.
요즈음 사회 각계에서 다양한 성교육이 난무한다. 동성애를 부추기고 성 개방의 물결이 거세다. 건전한 성교육이 필요한데 아울러 교회에서의 성교육 역할이 대단히 중요한 시대가 되었다.

### 유신론적 기독교 성교육이 필요하다

사회에서의 성교육은 무신론적인 교육이지만 교회 성교육은 유신론적인 교육이다. 이 두 경우의 교육 효과는 크게 달리 나타난다. 신을 두려워하지 않는 배움과 신의 말씀에 근거한 배움에는 큰 차이가 있어서 그 결과도 다르게 나타날 수밖에 없다. 세상의 교육은 인간 의식의 변화로 나타나는 시대정신을 따라간다. 그래서 그 시대마다 도덕성이 달라지고 변한다. 기독교 교육은 교회나 기독교인 가정에서만 가능하다. 사회는 이미 반 기독교 환경이 완벽하게 조성되어 있다. 세계적으로는 기독교인을 박해하는 국가가 100여 개 국가에 달하고, 아시아 48개국 중에는 40여 개 국가 이상이다. 그중의 박해 1위는 북한이다. (기독교연합신문, 2024년 1월 28일)

### 교회 교육은 시대 따라 변하지 않는다

사회나 국가적 교육 체계는 교육자 개인이나 그 사회 통념에 영향을 받고 있지만 교회 교육의 기준은 하나님의 절대 말씀에 근거하기 때문에 어느 시대나 국가를 막론하고 같은 답을 제시한다. 인간들끼리 모여 열띤 토론을 많이 하지만 제대로 된 결론은 없다. 왜냐하면 문제를 인식하지만 절대 기준이 없는 인간은 결론을 낼 수 없고 말쟁이들의 놀이터로 끝나기 때문이다. 기독교 성교육은 별도의 기회를 만들어 공부하거나 관련 서적을 탐독하는 것이 좋을 것이다.

### 성경이 답이다

사람을 만드신 분이 하나님이시다. 성경은 사람이 어떻게 살아야 하는가를 가르쳐 주는 길잡이요 인간사용 설명서다. 그러므로 성경은 세상의 혼란과 사회적 요구에 변하지 않는 특징을 가지고 있다. 어느 시대나 남녀노소 누구에게나 같게 적용되고 있는 것이 장점이다.

급격한 사회적 변화로 인한 가치관의 혼란 속에서 나타나는 인간의 죄악상은 더욱 심해지고 있다. 반기독교 세력들은 기독교의 가치를 깨는 도전의식이 아주 강하게 나타난다. 특히 혼합주의로 나타나는 그들의 공격은 아주 다양하고 노골적이다. 기독교는 지금 사면초가 상황이다. 헤쳐 나가야 할 일들이 너무나 많아서 힘에 부친다. 남을 일으켜 주기는커녕 내 믿음 하나 유지하기도 버거운 세상을 살고 있다. 이런 때일수록 우리 그리스도인은 정신을 차리고 성경으로 더욱 무장 되어야 할 것이다.

성도여, 우리의 신앙은 유일 신앙이다. 혼합주의는 종교 통합의 역사를 이루어 거대한 사탄의 회가 될 것이다.

지금까지 다룬 모든 내용은 우리의 유일 신앙을 위협하는 현 사회의 주도적 현상을 일부 다루었다. 차별금지법(평등법), 성 개방, 성평등, 동성애, 낙태, 급진 페미니즘, 공산주의, 사회주의, 종교 다원주의, 탈근대주의, 종북 주사파, 반미, 친공 등…. 이들의 하나같은 공통점은 반 기독교 전선에 서 있다. 이들은 하나로 연합하여 우리의 유일 신앙을 무너뜨리고 있다는 현실을 직시해야 할 것이다. 모든 종교는 평등하다는 전제하에 연합과 소통, 사랑과 평화를 이루자는 이들의 외침은 혼합주의를 강화하고 결국, 종교 통합이라는 사탄의 나라를 만드는 원동력이 되어, 우리에게 거대한 괴물로 등장하게 될 것이다. 기독교를 포함한 세계 종교 통합의 움직임은 이미 1893년부터 진행되어 온 일이다. 그 일에 동참하는 것은 유일하신 여호와 하나님을 한낱 잡신 수준으로 끌어내리는 신성 모독이다.

이것은 혼합주의가 얼마나 오랫(130년)동안 끈질기게 이어 왔는지를 보여주며, 지금은 강력한 힘을 보유한 혼합운동의 결정체로 WCC를 이루고, 천주교를 포함한 한국 교단의 절반이 가입되어 있고, 그들의 행사가 부산에서 대대적으로 열리기도 했다. 머지않아 그 정점에는 사탄의 기운으로 가득 찬 짐승이(적그리스도) 설 것이다. 그자가 통합되고 혼합된 사회나 종교의 최고지도자가 되어 하나님을 대신하여 온 세상을 호령할 것이다.

2024년 9월 22일부터 한 주간 인천 송도에서 제4차 국제 로잔대회(준비위원장 이OO 목사)가 열린다. 종교회의로서 200개 넘는 나라에서 5,000여 명이 참석할 예정이다. 주로 기독교 목사들이 모이지만 그곳의 성격을 아는 데는 그리 어렵지 않다. 우리 같은 목사들은 갈 수 없는 모임이다. 그곳에 참여하는 사람들은 공산주의를 용납하거나 종교 다원주의 선봉 주자인 천주교 인사들이나 WCC의 주요 인사들이 초청되고, 혹은 그들의 문제점을 지적하기를 꺼리거나 묵인하는 목사들이 대거 참여하기 때문이다. 1974년 7월 16일 스위스 로잔에서 처음 시작된 대회의 정신은 인종, 종교, 문화, 계급, 성, 연령의 이유로 차별받지 않는 세상을 구현하고, 모든 억압 당하는 자를 해방하자는 것을 목표로 사회참여를 지상 과제로 삼았다. 그래서 이들은 남미에서 시작된 사회 구원을 목표로 하는 해방신학과 크게 다르지 않고 차별금지법의 강조점과 많이 닮아 보인다.

> 인자가 온 것은 섬김을 받으려 함이 아니라 도리어 섬기려 하고 자기 목숨을 많은 사람의 대속물로 주려 함이니라 (마 20:28).

그렇다면 이것은 복음의 방향을 비틀어 진정한 구원의 의미를 왜곡시키는 사탄의 속임수다. 사랑, 평화, 해방을 말하면서 복음의 역할을 축소하고, 영생의 구원을 이 땅의 문제를 해결하는 것으로 대체 해 버리고, 주님이 약속하신 저 영원한 천국의 소망을 약화시킨다. 이런 단체를 누가 만들었을까? 그 유명한 빌리그래함 목사와 영국의 성공회 존 스토트 신부이다. 성공회 신부들 역시 WCC에 가입한 부류이다. 예수님이 로마의 식민지가 되어 억압당하는 이스라엘을 해방하러 오셨는가? 아니다. 오히려 이스라엘은 로마의 폭력으로 주 후 70년에 완전히 망한다.

예수님은 압제와 가난에서의 해방이 아닌, 인간의 죄의 문제를 해결하는 십자가 대속이라는 구원의 완성을 위해 그렇게 희생 제물이 되시었다. 예수님이 주신 진정한 구원의 의미를 교묘히 훼손하는 부류들이 늘고 있음에 주의가 필요하다.

> 내가 온 것은 양으로 생명을 얻게 하고 더 풍성히 얻게 하려는 것이라 (요 10:10).

이들의 말대로 인간의 가치와 존엄이 훼손되고, 자유가 없는 억압된 환경에 있는 사람을 해방시키는 것이 사명이라면, 멀리 갈 것 없이 저 잔인한 북한의 독재정권하에 있는 옥수수죽도 배불리 먹지 못하는 불쌍한 동포들을 위한 인권선언이라도 만들어 공포해 보시든지…. 아니면 인권이란 단어도 모르는 독재 공산 정권을 비판해 보시든지…. 아니면 탈북자를 돕는 일을 해 보든지…. 좀 더 지켜봐야 할 여지도 있으나 인간의 존엄과 가치를 중히 보는 당신들이 왜 그런 일은 하지 않는가 말이다.

로잔대회를 포함한 WCC, NCCK, WEA의 공통점이 바로 잔인한 저 북한이나 공산 독재정권을 향하여서는 비판 한마디도 없다는 점이다. 인간 이하의 짐승 취급을 받는 그들을 언급하지도 않고 돕지 않는다면, 저들은 위선자이거나 다른 일을 꾸미고 있는 것으로 의심하는 수밖에 없다. 게다가 로잔대회의 정신은 기독교를 포함한 모든 종교를 차별 없는 같은 선상에 놓는다. 종교 평등이다. 분명 기독교(개신교)는 주님의 말씀을 따라 차별화된 유일 신앙의 가치를 지니고 있는데 말이다.

> 너희가 나를 누구에게 비기며 누구와 짝하며 누구와 비교하여 서로 같다 하겠느냐, 너희는 옛적 일을 기억하라 나는 하나님이라 나 외에 다른 이가 없느니라 나는 하나님이라 나 같은 이가 없느니라 (사 46:5, 9).

그런데 어느 종교와 우상이 하나님과 평등하고 차별이 없다는 말인가? 하나님은 분명 우상 숭배자들과 우리를 차별하시며, 그 결과 인간들을 천국과 지옥으로 차별하시어 당신들의 그 어쭙잖은 평등주의를 징벌하실 것이다.

> 모든 민족을 그 앞에 모으고 각각 구분하기를 목자가 양과 염소를 구분하는 것 같이하여 양은 그 오른편에 염소는 왼편에 두리라 (마 25:32-33).

> 짐승이 잡히고 그 앞에서 표적을 행하던 거짓 선지자도 함께 잡혔으니 이는 짐승의 표를 받고 그의 우상에게 경배하던 자들을 표적으로 미혹하던 자라 이 둘이 산 채로 유황불 붙는 못에 던져지고 (계 19:20).

다른 것은 몰라도 우리 하나님(예수님)을 다른 잡신과 나란히 놓는 것은 용납할 수가 없다. 우리의 구원자는 오직 예수님뿐이다.

> 예수께서 이르시되 내가 곧 길이요 진리요 생명이니 나로 말미암지 않고는 아버지께로 올 자가 없느니라 (요 14:6).

우리 목사들이 모이면 강조해야 할 것은, 사회 해방운동이 아니라 복음을 통한 죄인의 구원 사역이다. 사회 구원이 아닌 오직 예수 십자가 대속의 복음으로 거듭나 천국에 이르게 하는 구원 운동이 목사가 할 일이다. 사회운동은 그다음에 따라 올 수 있지만 복음의 본질을 왜곡해서는 안 될 것이다. 그대 그리스도인이여! 목사의 유명세를 보지 말라! 교회 크기를 보지 말라! 풍기는 이미지도 보지 말라! 그 입의 말과 열매를 보라. 인간의 권리와 평등만 강조한다면 결국 혼합주의와 만나는 것이다. 현재 인간이 만들고 있는 모든 길은 혼합주의로 통하고 있다.

> 그들의 열매로 그들을 알지니 가시나무에서 포도를, 또는 엉겅퀴에서 무화과를 따겠느냐 (마 7:16).

반복해서 다시 말한다. 사랑과 평등과 평화라는 얼굴로 다가오는 혼합주의는 결국 사탄의 세상을 만들고 예수님을 저주하며 그 백성을 탄압하게 될 것이다. 그것은 주님의 예언이다.

> 멸망의 가증한 것이 서지 못할 곳에 선 것을 보거든 (읽는 자는 깨달을진저) 그때 유대에 있는 자들은 산으로 도망할지어다 (막 13:14).

예수를 시인하지 아니하는 영마다 하나님께 속한 것이 아니니 이것이 곧 적그리스도의 영이니라 오리라 한 말을 너희가 들었거니와 이제 벌써 세상에 있느니라 (요일 4:3).

일반 성도들에게 가르쳐서 구별할 수 있도록 해줘야 한다. 무엇보다 혼합주의가 어떻게 다가오는지를 세밀하게 일러주어야 한다. 이제는 교인들이 점집에 가고 목사가 무당을 찾아가는 게 이상하지도 않다. 어느 무당은 자기를 찾아오는 사람의 60~70%가 기독교인이라고 했다. 혼합주의로 나타나는 현상의 일부이다. 주님께 기도해서 안 되면 무당 찾아가고 절간에 가는 것이다. 모든 종교는 평등하니까…. 어느 교회 청년은 불교 스님을 찾아가 신앙 상담을 하는 것도 보았다. 신학교 교수였던 사람이 초혼제를 하고 죽은 사람을 불러 흉내 내면서 무당 노릇까지 한다. 말세의 교회는 그렇게 흘러가는 것이다. 순수 복음을 버리고 자기 사욕을 따라 헛된 이야기를 따라가는 것이다. 이것이 우리 목회 현장의 모습이다.

때가 이르리니 사람이 바른 교훈을 받지 아니하며 귀가 가려워서 자기의 사욕을 따를 스승을 많이 두고 또 그 귀를 진리에서 돌이켜 허탄한 이야기를 따르리라 (딤후 4:3-4).

당신은 어느 편에 설 것인가 결정해야 할 때다. 다수가 좋아하는 화합과 평화, 평등과 인권으로 탈을 쓴 혼합주의로 갈 것인가? 오직 예수만 따라갈 것인가?

이것은 이상한 일이 아니니라 사탄도 자기를 광명의 천사로 가장하나니 (고후 11:14).

여호수아가 오직 여호와만 섬기는 유일 신앙의 본을 보였지만, 당시 일부 백성들 사이에서는 우상이 포함된 혼합주의 신앙을 가지고 있었다. 그래서 그의 말년에 백성들을 모아 놓고 다음과 같은 유언을 남긴다.

> 만일 여호와를 섬기는 것이 너희에게 좋지 않게 보이거든 너희 조상들이 강 저쪽에서 섬기던 신들이든지 또는 너희가 거주하는 땅에 있는 아모리 족속의 신들이든지 너희가 섬길 자를 오늘 택하라 오직 나와 내 집은 여호와를 섬기겠노라 하니 (수 24:15).

그때와 지금이 다르지 않다. 이미 동서양 교회는 상당수가 혼합주의에 물들어, 하나님이 없는 교회가 되었다. 나도 여호수아와 같은 심정으로 유언을 남긴다.

> 오직 나와 내 집은 여호와를 섬기겠노라 (수 24:15).

이제 사탄의 경력한 무기가 되어 버린 혼합주의를 깨어 경계하고, 오염되지 않은 구원의 좁은 길로 당당하게 담대히 가야 할 것이다.

# 맺는 말

우리 기독교가 살아남는 방법은 주님의 말씀을 끝까지 지켜 내는 것이다. 특히 우리 기독교 신앙의 유일성은 우리의 목숨이다.

시골의 작은 교회라고 해도 복음의 전진기지로서 당당한 그 모습을 간절히 바라면서 이글을 마치고자 한다.

세대가 바뀔 때가 가장 위험한 때라고 본다. 이스라엘이 여호와만 섬기는 유일 신앙을 지키지 못한 이유는, 바로 기성세대가 사라지면서 그다음 세대가 혼합주의로 변질되었기 때문이다. 사사 시대와 솔로몬의 말년이 그렇게 무너졌다.

140년 전 한국에 선교사들을 통해 들어온 복음의 내용이 지금 온전히 유지되고 있을까? 현실을 보면 그렇지 못하다. 서양교회가 그렇게 변하듯 우리나라의 각 교단도 복음에서 이탈되는 이상징후가 진작부터 보였다. 1517년 목숨을 걸고 종교 개혁을 이룬 마틴 루터의 고귀한 일을 놓고 일부 교단에서는 그 일을 회개하고 천주교 앞에 사죄한다고 밝혔다.

오직 예수님 십자가 대속의 복음 위에 교회를 세우고 한평생 목회하던 목사가 떠나고 후임 목사가 들어오면서 복음이 변질되는 현상은 특히, 대형 교회에서 두드러지게 보인다. 그 주범이 바로 혼합주의다.

한국교회 목회자 세대교체는 이제 3세대를 넘어 4~5세대를 지나가고 있다. 불행히도 복음의 순수성이 벌써 훼손되었다. 시대 변화를 이겨내지 못한 결과다. 특히, 평등법, 종교 다원주의, 공산주의, 동성애와 연결된 혼합주의는 우리의 유일 신앙을 크게 훼손하는 주범이다. 이에 물든 목사들의 언행은 노골적이며 심각하다.

내가 이 책을 남기는 이유는, 이종봉 목사가 어떤 복음 위에 삼포사랑교회를 세웠는지를 분명히 하고, 둘째는 몇 사람, 아니 한 사람이라도 믿음의 후배에게 길잡이가 되기를 바라며, 셋째는 내가 죽은 이후라도 나는 이 책을 통해 계속 외쳐 혼합주의를 막고, 우리 교우들이 유일 신앙에서 벗어나지 않기를 바라서다. 나의 가장 큰 소원은 내게서 배운 모든 교우들을 천국에서 만나는 것이다.

내가 이 책을 유산으로 남기기까지 삼포사랑교회 개척 초기부터 지금까지 기도와 물질과 헌신을 아끼지 않은 사랑하는 교우들에게 진심으로 감사드린다.

그리고 주님께서 내게 허락하신 자녀들과 그리고 손자 손녀들에게 오직 예수 중심의 유일 신앙이 우리 가문의 유산으로 이어지기를 바란다. 아울러 늘 곁에서 묵묵히 기도로 응원하며 자리를 지켜준 아내 박복자 사모에게도 고마운 마음을 남긴다.

이상은 내게서 배운 성도와 나의 자손들에게 이종봉 목사가 반복하여 남기는 유언이요 유산이다. 목사의 사명이 끝나면 곧 데려가실 텐데, 나의 주님을 만날 그날이 내게도 곧 오리라!

그래서 나는 지금 다시 또 강조하며 외친다.

성도여!

유일 신앙을 지켜라!

우리의 신앙은 유일 신앙이다!

**첫번째, 오직 유일하신 하나님!**

　우리가 섬기는 신은 오직 성 삼위일체 하나님이시다 (사 45:5-6).

**두번째, 오직 예수님만이 나의 구원자!**

　다른 구원의 길은 없다 (요 14:6, 행 4:12).

**세번째, 오직 성경만이 신앙과 생활의 기준!**

　신구약 66권 성경은 하나님이 주신 말씀이다 (딤후 3:16).

**네번째, 오직 믿음으로 구원!**

　선행이나 율법으로는 구원을 얻을 수 없다 (엡 2:8, 갈 2:16).

**다섯번째, 오직 은혜!**

　구원은 오직 예수 십자가 대속을 통한 하나님의 은혜이다 (고전 15:10).

**여섯번째, 오직 주님께 영광!**

　우리가 사는 가장 큰 목적은 하나님의 영광을 위해서다 (고전 10:31).

이 진리를 바꾸려는 자는 그 누가 되었든지 하늘에서 내려온 천사라고 해도 저주가 있을 것이다.

그러나 우리나 혹은 하늘로부터 온 천사라도 우리가 너희에게 전한 복음 외에 다른 복음을 전하면 저주를 받을지어다 (갈 1:8).

다른 길은 없다!
"오직 예수님 뿐이다!"

사랑하는 성도들이여!
부디 혼합주의를 경계하고
오직 예수님 십자가 대속의 유일 신앙을 지켜
모두 천국에서 만납시다!

내가 속히 오리니
네가 가진 것을 굳게 잡아
아무도
네 면류관을 빼앗지 못하게 하라 (계 3:11).

"아멘, 주 예수여 오시옵소서!"